观察点亮游戏

北京荣和教育儿童研究发展中心　主编

编　委

雷　力　于　洋　曹慧弟　张　琳　李　莹　叶　红
颜　磊　李晓莉　田逶巍　魏　洁　杨　英　石　一
曹春香　郑宇红　李天舒　白春芝　王晓岚　李　雪
薛媛媛　尹陆明　史亚娟

复旦大学出版社

序

  时间过得真快,2016年9月底参加课题启动会时的情景还历历在目。课题启动后,每当老师们遇到一些关键环节及瓶颈问题征询我的意见时,也使我通过听他们对课题的介绍以及参加现场的活动,了解了课题研究的推进情况。今天坐在电脑前为这份厚重的研究成果写序,眼前浮现的全是研究团队执着认真的神态,以及那热烈而鲜活的研究场面。

  党的十九大报告提出"建设教育强国是中华民族伟大复兴的基础工程,必须把教育放在优先位置,加快教育现代化,办好人民满意的教育"。"幼有所育,学有所教"是十九大对学前教育的新要求。"要努力让每个孩子都享有公平而有质量的教育",保证全体人民在共建共享中有更多获得感。发展学前教育,办高质量的学前教育,是人民的要求和呼声,是我国经济社会发展的必然要求。为实现普及普惠、安全优质的学前教育发展目标,学前教育的从业人员就要进一步练好内功,促园所内涵发展。提升学前教育质量,是当前和今后学前教育必须努力的方向。质量的提升离不开教师的专业化发展,专业能力是决定教育质量最关键的能力。教育工作者的专业性是时代发展的需要,也是教育本身的要求。因此,构建高素质的教师队伍对提高学前教育质量至关重要。提升教师的专业能力关系到幼儿的学习和发展,是教育工作者不断努力的方向。随着幼儿园办园规模扩大、新教师不断增多,很多教师的实际工作能力与学前教育的专业要求有一定的差距,因此使教师树立正确的儿童观、教育观,提升教育技能势在必行。

  教育的专业性,指教育工作者的素质达到的专业水平。只有教育工作者的素质达到专业水平,教育实践活动才能达到专业水平。专业能力是教师专业化发展在教育实践中的集中体现,是完成职业要求和工作职责的必要条件。注重区域游戏的开展是落实"以游戏为基本活动"原则的重要方面。但是在开展区域游戏的过程中,教师指导区域游戏的能力并不高,往往只是了解游戏对幼儿学习和发展的意义与价值,但对与区域游戏相关的理论认识不到位,更无法做到理论联系实际,不能将区域游戏的概念、价值与现场的真实情况进行科学连接,特别是如何才能做到"看见"幼儿的游戏,怎样才能"看懂"幼儿的游戏,如何"支持"幼儿的游戏等,都是教师在实践中遇到的最多问题。课题组基于上述问题和现状,展开了有针对性的研究与实践。

课题实验园的老师们在华东师范大学周念丽教授、北京荣和教育儿童研究发展中心雷力老师、于洋老师等的专业引领下,围绕"区域游戏的概念、价值、游戏观察的要点、记录的关键信息、幼儿游戏水平的推测、教师教育实践的反思"展开,关注儿童发展,落实《3—6岁儿童学习与发展指南》(以下简称《指南》),从不同发展水平教师的实际出发,让新手教师能够通过游戏分析、了解幼儿心理发展水平,初步掌握幼儿四类游戏的直接经验;有一定经验的教师通过游戏分析,将观察与幼儿心理发展相关联,掌握四类游戏的直接与关联经验;骨干教师通过游戏分析,能将观察、推测与教育反思融为一体,熟练掌握四类游戏的直接与关联经验。此研究不但关注幼儿的成长,也同样关注教师自身的发展,帮助教师掌握有关游戏的理论知识,并注重将理论知识与游戏现场联系起来。能够"因地制宜""量体裁衣"的研究才是有力量的研究,才是对实践具有推动力的研究。

在实践研究中,老师们发现观察要聚焦,聚焦每一位幼儿、每一个游戏单元或者每一个游戏发生的地点。通过观察—记录—分析—评估(根据《指南》判断幼儿的心理发展水平)—反思的循环观察模式,"看到"并不断促进幼儿的学习与发展。

在三年的课题研究即将结束之际,课题组将游戏的观察和分析记录以"我看见""我看懂""我所思"的模式集结成《观察点亮游戏》一书,希望能够让更多的一线教师受益。同时也让更多的教师见证他们如何将理论转化为实践,从研究中提升学习力、思辨力和执行力;如何将我们曾经烂熟于心的教育理念在工作中真正落地,落实到关注幼儿的心理发展上,落实到了解儿童的游戏行为上,落实到促进儿童的"真发展"上。

愿更多的人专注于儿童的游戏研究与实践,关注儿童的发展,让接地气的研究和实践使更多的教师、儿童受益。

北京教育科学研究院早期教育研究所所长 苏 婧

2019年10月20日

写在前面

> **研究源起**

2012年到2016年,我们一直在为北京市的幼儿园提供游戏区域材料、图书及教师培训的服务。在这期间我们常常会问自己,这些区域材料孩子们喜欢玩吗?会玩吗?怎么才能知道孩子们的游戏水平?游戏中教师的作用又是什么?

2016年5月恰逢北京市海淀区幼儿园园长课程领导力系列培训,周念丽教授作了题为《基于儿童游戏的观察》的报告,周教授观察儿童游戏的视角吸引了我们。培训结束后,送机路上针对儿童区域游戏观察中我们的困惑和问题及周教授想做研究的设想,我们达成了初步合作的意向。同年7月我们奔赴上海与周教授约见在华东师范大学南门的咖啡厅,四个小时都围绕课题要解决的问题,即课题研究内容、活动的形式、研究方法、参与的人员,对所需要的时间、周期等做了具体的讨论和分工,并确定了名为"区域游戏聚光镜"的研究项目(即后来的北京市学前教育学会十三五立项滚动课题"基于《指南》儿童区域活动中教师观察方法与指导策略的研究")。课题研究确定对装扮区、表演区、建构区和体能区的游戏观察,以《3—6岁儿童学习与发展指南》(简称《指南》)为抓手,形成区域游戏观察和分析的方法,提高教师区域游戏的思考力和指导能力,让儿童的学习和发展被"看得见"。

回到北京后,我们拜访了很多园长,跟他们谈"区域游戏聚光镜"研究项目,最终北京市海淀区、西城区、朝阳区3个区的12所幼儿园决定加入课题研究。2016年9月30日邀请了参与课题研究的幼儿园园长及课题负责人、课题指导专家周念丽教授和北京教育科学研究院早期教育研究所苏婧所长参加了项目的启动会。会上周念丽教授阐述了项目研究的意义和价值:让教师能从自己的已有经验出发,针对四大区域(装扮区游戏、建构区游戏、表演区游戏和体能区游戏)对幼儿的游戏行为进行有目的的观察,并能对游戏行为与幼儿的心理发展水平进行持久和深入的观察、记录、分析,结合教师自己的工作经验进行教育教学的反思。

苏婧所长结合学前教育的政策和教师专业发展的需要提出了期望：通过课题实证性的研究探索出四个区域游戏观察的方法，同时在课题研究中提升教师的学习力、思考力、行动力。

研究之困

2016年10月初课题进入研究阶段，周念丽教授带领课题组的教师进行了先期的"什么是观看？什么是观察？"研学活动，活动中教师们针对一段1分钟46秒的游戏片段进行了反复的观察，在周教授的引导下教师们找到了20个行为并进行分析。在此过程中教师们发现原来游戏中看得见的东西，现在看不见了，也看不懂了……我们当时有种泰山压顶、如鲠在喉的感觉，老师们真的看不到吗？这么细致的游戏观察是老师们需要的吗？游戏观察中出现的诸多问题会不会对教师不公平？幼儿园愿意承担这种"解剖式"的观察吗？越想越感觉像是搬起了一块偌大的石头在过河，这时朝阳区福怡苑幼儿园的曹慧弟园长说："第一次活动来我们这儿吧！"

图1　教师们研究活动中

有了观察的场地，我们怎么组织80个人同时开展观摩呢？研究小组按照年龄班和教师类型进行了划分（图1），如小班新手教师组、小班经验教师组、小班骨干教师组。这样的研究小组共9个，每组不超过10人，每次现场观察时既不影响幼儿，又能让各园的教师产生思想的碰撞。

做研究和做教学活动不同，概念、理论知识的重要性要尤为突出。我们请周教授开出了书单，各园组织教师阅读《幼儿行为观察与记录》《儿童的一百种语言》《蒙台梭利儿童教育经典原著》《学前教育中的主动学习精要》《理想的教学点子》等，三年下来读书成了课题组教师们三年课题研究的必备功课了。

12月14日，一个明媚的冬日，北京市朝阳区福怡苑幼儿园提供了9个游戏的现场展示，我们的教师用摄像机记录了这9个游戏，不过，针对这9个游戏的研究活动，可谓困难重重。

问题一：游戏取样取什么？如何切割出有价值的3分钟片段呢？随机吗？还是选幼儿语言使用多的地方？或者选和材料互动多的地方？……

问题二：游戏记录记什么？老师们看见什么写什么，初次尝试却把眼睛看到的场景和自己的推测都记录了下来。例如：小红和小白一起吃着餐盘里的面包（真实场景），心里可高兴了(推测)。

问题三:游戏分析什么?分析的角度为什么和以往的游戏分析不一样了,而且还要计算平均发生率?

问题四:《指南》是教育部颁布的文件,是我们工作的方向,怎么依据此文件去推测幼儿的发展水平?

问题五:我们对觉得玩得不错的装扮区所分析的结果并不乐观——命令性语言的使用率高、幼儿的文明用语习惯还要加强(图2)、区域里的高仿真材料过多(表1)……

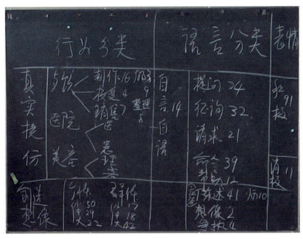

图2 语言使用

表1 游戏材料数量统计

材料	小班	中班	大班
真实模仿类	餐具31 食品7 医疗2 美容6 服装22	餐具10 食品8 服装18 货币8	餐厅8 食品2 医疗15 美容14 服装14 货币5
总计	68	44	58
创造想象类	杯垫→饼干 绒球→馅 橡皮泥→皮 橡皮泥→西瓜	橡皮泥 笔帽	橡皮泥→各种物品
总计	4	2	1

第一次研究活动结束后,这些问题竟然变成了一座"石头山",我们怎么才能和课题组的老师一起移开这些"石头"呢?

研究探索

第一次游戏现场观察是装扮区游戏观察,装扮区游戏观察结束后我们和老师们一起座谈讨论解决方法,决定做一些调整。周教授提前一周提供了观察和分析的工具,由荣和教育的于洋老师带着课题组的老师们先找疑问、划重点,带着问题进入研究现场。观察前20分钟周教授解答教师的问题,并重点讲解本次观察的工具如何使用。慢慢的,第一次课题研究中遇到的那些"石头"被一块块搬走了。

建构区游戏的研究中,老师们能够敏锐地捕捉游戏场景了,取样的质量提高了,记录也清晰了。例如,小黄说:"给我拿三块圆柱形的积木就好了,三块哦!"小绿说:"好的。"小绿拿回来4块积木,小黄说:"我说的是三块哦。"小绿说:"三块可能不够吧。"

图3 我们出发了①

针对每次课题研究发现的问题,各幼儿园也回到自己园进行验证,海军机关幼儿园的魏洁老师跟我们分享,他们发现了班里装扮区存在的问题和研究中所说的一模一样。于是他们一点点地减少高仿真的材料,添加生活中的低结构材料,如纸箱、多余的雪花片、早已不用的泡沫积木,一块碎花布,几个一次性的碗。孩子的游戏玩得越来越高级,今天玩野外就餐(图3),明天玩开公共汽车,游戏主题变化多端,幼儿的以物代物和想象行为也多了起来。

表演区游戏研究结束后,朝阳区安华第二幼儿园的老师们将表演区游戏和园本课程联系起来,提出区域里遇到的问题可以生成新的教学活动,游戏的道具以前都是美工区做,现在可以放在集体活动中;要先计划做什么,再计划怎么做,使课程变得鲜活、有生命力。

建构区游戏研究后,武警机关幼儿园的老师们将放置了很久的多米诺骨牌(图4)拿出来,和幼儿一起做造型设计、搭建步骤计划,并一起搭建。多米诺骨牌按计划顺利倒下,孩子们不由地鼓掌欢呼。老师们反思道:"真的处处都有教育,处处都有游戏,要有善于观察游戏的眼睛。"当初的"石头山",一块块被搬下来变成了过河的桥。

---

① 中国人民解放军海军机关幼儿园魏洁老师提供。

图 4　多米诺骨牌的搭建①

研究成效

我们将研究中使用的观察方法梳理成"聚光镜区域游戏观察分析六部曲"(以下简称"六部曲"),在课题的中期汇报中以工作坊的方式分享给了更多的幼儿园教师。论坛结束后,在 2018—2019 年由海淀区、顺义区学前科组织牵头,近 300 名骨干教师参与了"六部曲"工作坊学习,更多园所的教师将"六部曲"应用于实际工作中,我们想:这是对课题研究有效性最好的检核。

"人生天地之间,若白驹之过隙,忽然而已。"课题研究的第三个年头 2019 年就这样悄然地到来了,三年中我们痛并快乐着,课题研究让我们和老师清楚地理解了装扮区、表演区、建构区和体能区的概念、各区域对儿童学习与发展的价值、游戏的核心和关联价值,并将这些理论知识和灵动的幼儿游戏现场结合起来,通过反复实践"六部曲"以及"幼儿主动学习的观察法",掌握了区域游戏观察、记录、分析和反思的基本方法。部分园所和教师还将研究中学习到的"数据统计方法"融入自己园所区域游戏观察研究中,让"数字"说话,使得区域观察更加科学严谨。课题研究也是再次学习和深入的践行《指南》的过程,从最初把《指南》当作一个标准去逐条对应儿童在游戏中的行为表现转变为把《指南》视为推测儿童各年龄段能力发展水平的"抓手",教师们开始从儿童的视角看待区域游戏,从最初的"我得给建构区里做点辅材"变为"你们这次的建构还需要哪些辅材吗?需要我来帮忙吗?"。其实三年多的区域游戏观察最大的收获是教师们看见了孩子的游戏,看见了孩子的学习与发展,理解了什么叫

---

① 武警总部机关幼儿园马蕾老师提供。

"玩中学",明白了什么叫"玩中教",懂得了游戏是课程的一个部分,游戏是幼儿学习的独特方式。

感谢3个区12所课题实验幼儿园园长的信任和全力支持、教师不间断的参与,这些幼儿园分别是中国人民大学幼儿园、北京市海淀区美和园幼儿园、兵器机关服务中心幼儿园、中国人民解放军海军机关幼儿园、武警总部机关幼儿园、明天幼稚集团第五幼儿园、北京市西城区马连道幼儿园、北京市公安局幼儿园、北京市朝阳区泛海幼儿园、北京市朝阳区福怡苑幼儿园、北京市朝阳区安华里第二幼儿园、北京市朝阳区劲松第二幼儿园。

感谢周念丽教授查阅相关文献和相关理论提供适宜的观察与分析工具,以及三年来的一路引领和一路相伴。

感谢北京市教育科学院早期教育研究所苏婧所长在政策和实践落地上的指导与对课题组的鼓励和期待,以及对北京学前教育发展中对民营企业的包容和大力支持。

感谢我们的团队,荣和教育的于洋教师查阅理论书籍和相关文献,协助教师解读观察工具,跟进园所课题研究的开展;郑笑渔老师在体能区游戏观察中帮助教师区分教学和游戏的关系,帮助教师了解幼儿动作发展的核心经验。

未来我们希望助力更多的教师获得专业成长,让儿童的学习和发展看得见!

北京荣和教育儿童研究发展中心　雷力　于洋

目 录

"聚光镜"游戏观察总论 ·· 1
 第一节 时代背景之考量 ·· 1
 第二节 相关概念之阐释 ·· 4
 第三节 实践操作之解析 ·· 9

装扮区 游戏观察与分析 ·· 16
 小班 ·· 16
  宝宝睡觉啦 ·· 16
  包饺子（一） ·· 18
  包饺子（二） ·· 19
  烤鱼饼干 ·· 21
  为娃娃做饭 ·· 22
  做烤鱼、炒米饭 ·· 24
  娃娃生病了 ·· 26
  美味的午餐 ·· 27
 中班 ·· 29
  西红柿炒鸡蛋 ·· 29
  炸鱼片 ·· 31
  餐厅 ·· 33
  蓝色的小油菜 ·· 35
  认真的洗发师 ·· 36
  锡纸烫 ·· 38
  理发师多多 ·· 40
 大班 ·· 41
  购买冰激凌 ·· 41
  制作各种口味的冰激凌 ·· 43
  给病人输液 ·· 45

　　　　制作价格清单 …………………………… 47
　　　　彩虹披萨店 ……………………………… 49
　　　　照相馆 …………………………………… 51
　　　　剪纸小课堂 ……………………………… 53
　　　　买卖衣服 ………………………………… 55

建构区　游戏观察与分析 …………………… 58
　小班 ……………………………………………… 58
　　　　长长的马路 ……………………………… 58
　　　　游轮 ……………………………………… 61
　　　　高架桥 …………………………………… 64
　　　　动物博物馆 ……………………………… 66
　　　　搭建车库与高楼大厦 …………………… 68
　　　　蜗牛的汽车轨道 ………………………… 71
　　　　地方不够了怎么办 ……………………… 72
　　　　和我一起搭房子 ………………………… 74
　中班 ……………………………………………… 76
　　　　搭楼房 …………………………………… 76
　　　　搭"三角形"的城堡 …………………… 79
　　　　创意台阶 ………………………………… 81
　　　　我们一起玩吧 …………………………… 83
　　　　搭建凉亭顶 ……………………………… 86
　大班 ……………………………………………… 89
　　　　搭建十号名邸 …………………………… 89
　　　　搭北京站 ………………………………… 91
　　　　立交桥 …………………………………… 93
　　　　搭钟楼 …………………………………… 95

表演区　游戏观察与分析 …………………… 98
　小班 ……………………………………………… 98
　　　　香香的被子 ……………………………… 98
　　　　大家一起来准备 ………………………… 101
　　　　我们也来演"白骨精" ………………… 104
　　　　咿呀咿呀呦 ……………………………… 107
　　　　拔萝卜 …………………………………… 109
　　　　白雪公主 ………………………………… 111

中班 ··· 113
  彩虹色的花 ··· 113
  小马过河（一） ·· 116
  舞蹈表演——金色童年 ······································ 119
  小马过河（二） ·· 122
  小企鹅真漂亮 ··· 124
  三只蝴蝶 ·· 126
  我的幸运一天（一） ··· 128
  我的幸运一天（二） ··· 129

大班 ··· 131
  白羊村的美容院 ··· 131
  "三打白骨精"的创意表演 ································· 134
  老鼠娶新娘 ·· 135
  自主游戏中的"三打白骨精" ···························· 137
  西游记 ·· 140
  白雪公主过生日 ··· 144
  白雪公主与猎人 ··· 145
  小蝌蚪找妈妈 ··· 148

体能区　游戏观察与分析 ·· 150

小班 ··· 150
  炸碉堡 ·· 150
  走小桥 ·· 152
  小青蛙学本领 ··· 155
  暖暖的骑车游戏 ··· 157
  小熊过桥 ·· 160

中班 ··· 162
  好玩的篮球 ·· 162
  翻帽子 ·· 165
  抢奶瓶 ·· 169
  轮胎游戏 ·· 172
  足球PK赛 ·· 173
  圈的一物多玩 ··· 175
  轮胎争夺战 ·· 178
  米果的匍匐前进 ··· 181
  皮皮的双脚跳 ··· 183

大班 ……………………………………………… 185
　车轮滚滚 ………………………………………… 185
　游戏规则大家定 ………………………………… 188
　好玩的踢帽子 …………………………………… 190
　好玩儿的魔术带 ………………………………… 192
　猴子逃生记 ……………………………………… 194
　巨人钻山洞 ……………………………………… 196
　营救爷爷 ………………………………………… 199

课题园园长寄语 ……………………………………… 202

聚光镜

游戏观察总论

2012年教育部颁布了《3—6岁儿童学习与发展指南》（以下简称《指南》），强调珍视生活和游戏的独特价值。近年，"课程游戏化"和"游戏课程化"等理论更是在中国学前教育界引起了非常大的关注和思辨。由此带来的是一个深刻思考：幼儿教师如不懂得游戏观察，让幼儿的游戏仅仅成为对他们表面行为的观看，是否能真正让游戏成为幼儿的游戏？游戏是否能真正形成课程抑或让课程成为一种游戏化？带着这样的思考，我们独辟蹊径，携手北京市朝阳区、海淀区、西城区的老师们进行了为期近四年的"聚光镜"游戏观察的实践研究。

具体而言，"聚光镜"游戏观察项目的宗旨乃在于基于《指南》提升幼儿教师对幼儿游戏的观察能力，提升幼儿教师的游戏观察水平。

本章将对"聚光镜"游戏观察项目做一综合性陈述：从时代背景来考量本项目的意义、对本项目的核心概念进行阐释、对本项目的具体实践方法加以介绍。

 第一节 时代背景之考量

"聚光镜"游戏观察项目的时代背景之考量从两部分来进行：一是对宏观的国家纲领性文件层面的解读，二是对微观的幼儿教师游戏观察现状调查结果的解析。

一、国家纲领性文件层面之解读

游戏是幼儿学习的主要形式，幼儿正是通过游戏为自己将来立足社会做准备，游戏在幼儿身心发展的过程中具有非常重要的作用。① "教师是教育改革成败的关键，教师应该在确定其教育工作的目的方面发挥更积极主动的作用，教育改革必须置于教师掌握之中"②。而《指南》正是为幼儿教师如何进行观察、了解幼儿身心发展规律提供了导向性的指引，帮助我们认识和理解幼儿学习与发展的价值取向及其内涵。③

---

① 周念丽著.图说幼教[M].上海：复旦大学出版社，2018年7月第1版，第195页.
② 饶从满，王春光.反思型教师与教师教育运动初探[J].东北师大学报（哲社版），2000(5)：87.
③ 李季湄，冯晓霞主编.《3—6岁儿童学习与发展指南》解读[M].北京：人民教育出版社，2013年3月第1版，第181页.

《指南》颁布之初,教育部基础教育部巡视员曾在讲话中说:"教育部自2012年10月颁布了《指南》,并就《指南》的贯彻落实工作提出了明确的要求,这就是国家为深入贯彻落实《教育规划纲要》①和学前教育'国十条',进一步推荐学前教育科学发展采取的又一重大举措。"其中,特别强调要珍视生活和游戏在幼儿发展中的独特价值,游戏对于幼儿发展的重要性是毋庸置疑的。在如此重视的基础上国家对教师专业也提出了新的要求,在政策层面,国家通过《幼儿园工作规程》《幼儿园教育指导纲要(试行)》(以下简称《纲要》)和《幼儿园教师专业标准(试行)》,多次强调有效的观察是教师具备的专业能力和首要职责。②例如《指南》以及《幼儿园工作规程》中关于"幼儿园的教育"方面指出,幼儿园应"将游戏作为对幼儿进行全面发展教育的重要形式",幼儿园应因地制宜创设游戏场地、游戏条件,提供丰富、适宜、多功能的材料,保证充足的时间以让幼儿开展多种游戏。《教育规划纲要》中指出,教师应"掌握观察、谈话、记录等了解幼儿的基本方法",实践中教师更应具有对幼儿"游戏活动的支持与引导"能力,说明游戏活动中要求教师提供观察及支持。因此,在作为使幼儿获得身体、认知、语言、情感和社会性等多方面的发展契机的游戏活动中,教师的游戏引导能力与观察能力在其中扮演着至关重要的角色。

《指南》作为纲领性文件为教育者们提供了明确的要求和策略建议,例如:应当根据幼儿年龄特点指导游戏,了解幼儿的经验水平,让幼儿自主选择游戏内容、游戏材料和伙伴;以支持、鼓励幼儿自身兴趣、使幼儿在游戏中获得积极情绪体验的基础上开展游戏;游戏与幼儿身心发展有着密切的关系,隐藏着重要的教育动因和教育方法的契机,有着重要但不可忽视的教育价值。

教育部2012年颁布的《幼儿园教师专业标准(试行)》涉及教师"专业知识"中关联"幼儿保育和教育知识"部分明确指出,教师应"掌握观察、谈话、记录等了解幼儿的基本方法"。与此同时,该标准还明确指出教师应具有对幼儿的"游戏活动的支持与引导能力"。

综上所述,与我国的学前教育关联的纲领性文件倡导并深入阐述了幼儿教师需通过游戏观察来读懂幼儿、参悟教育理念的重要性。

二、现状调查结果之解析③

幼儿园一线教师如何基于《指南》等国家纲领性文件精神,来观察和了解幼儿的游戏呢?为此,我们聚焦幼儿教师的游戏观察中的"Head-Heart-Hand"这"3H",即教师对幼儿游戏观察的理论认知、情感接纳及实际操作。研究者在一所江西省省级示范园中进行了幼儿教师在游戏观察中的现状调查,结果表明:虽然2012年已出台《指南》,并有其他的纲领性文件说明了幼儿教师对幼儿游戏观察的重要性,实际情况却与之有较大落差。

调查结果表明,教师们都认可游戏观察对幼儿发展的重要意义、对幼儿教育的深远影响及其对自身专业成长的重要性。大部分教师在情感上也愿意对幼儿的游戏进行观察,但在

---

① 《国家中长期教育改革和发展规划纲要(2010—2020年)》,简称《教育规划纲要》。
② Gaye Gronlund,Marlyn James 著. 梁慧娟译. 聚焦式观察:儿童观察、评价与课程设计[M]. 北京:教育科学出版社. 2017年6月第1版,第1页。
③ 感谢江西省赣州市保育院兰天涵老师提供调查研究资料。

实践层面上教师们痛感自己观察能力的不足,因缺少游戏观察的具体方法而存在随意性;还有由于对幼儿游戏观察指导的方法缺乏,随意应付和疲于应对皆屡屡可见;准备不足以及意识不强,经历游戏观察的过程中也带着困惑进行,结果观察存在要点不突出等诸多的问题。因此,幼儿教师们普遍存在以下困惑及期待。

1. 理论与实践断层,期待系统的学习

教师观察能力的提升除了自上而下的授课型学习,更多地需要结合自下而上的一线实践。在实际当中超过75%的教师认为观察能促使自己将理论运用于实践,但是只停留在"促使"的层面上。虽学习了理论,却没能把理论完全运用到实践中,处于"知行脱节"的状态,观察也是孤立的,不太有体系。

以建构游戏为例,教师在处于带班的前提中,很难做到长期稳定的观察,更多是扫描式的观察,哪里发现问题去哪里,以结果论观察,并不太会关注幼儿在建构的过程中发生了什么。所分析的内容不是幼儿有没有获得同伴支持,就是最后来场作品展示或拍一张照片来分享。至于分享的内容,多源自交流当中的兴趣。

此外,相对于角色游戏,建构游戏中幼儿的流动性较小,不容易产生冲突也相对不容易为教师们所重视。因此当问起建构游戏如何观察时,很多教师其实对建构游戏表示出了不理解,一种是没有建构区的相关经验,一种是认为建构游戏的经验过于复杂,表现出如果要对建构游戏进行观察分析,会出现反馈的时效性不强,以至于教师支持滞后的问题。甚至还表露出重视常规大于作品,并且做出让幼儿安静建构的要求。因此,在这样的现状基础上教师们更期待的是以观察培训为主的方式进行系统的学习。

2. 要点难以把握,渴求具体的观察方法和系统框架

通过观察一个点去反映幼儿的能力水平不够系统和实际,而且不知道这个要点是否准确;有时能够描述出来案例内容,但分析写不好,经常不知怎样组织语言去表述幼儿在游戏中遇到的困难。在这样的情况下会非常焦虑:观察的工作量大,可能会不自觉地有主观判断,缺乏客观的要点帮助分析,自己的理论知识不足。

在此情况下,教师更期待园所常规的教研是能直观体验的,"要有一定的框架和步骤,最好是有一个统一的,且分不同游戏细化出幼儿能力的科学规范的表格,让教师能够更便捷地观察"。实践之后有一个大家集体性的观察目标,然后再到教研的时候共同探讨和反思,希望共同探讨的形式是"自下而上"的。

这说明观察幼儿及支持幼儿的游戏活动已是教师的专业基本功之一。然而,经过初步调查,幼儿园一线教师虽对幼儿游戏观察的意义已十分明了,但由于对各区域游戏概念的定义不甚了解,对游戏观察的核心要点不甚了然,对游戏观察的主要方法不甚熟悉,所以虽到了各游戏区域却不知将观察点聚焦何处,即使写了白描式观察,但也由于对幼儿在游戏中表现的心理发展特点了解不透,而对游戏观察结果的解读感到力不从心,从而较难将观察所得结果与提供符合幼儿兴趣需要、年龄特点和发展目标的游戏条件等结合起来,也较难引导幼儿在游戏活动中获得身体、认知、语言和社会性等多方面的发展。

因此,从概念上对各类游戏的界定、从方法上给与教师的具体参考,真正使幼儿教师的区域游戏观察水平得以提升,助力于对幼儿游戏活动的支持和引导已是时不我待!

第二节 相关概念之阐释

"聚光镜"游戏观察项目乃为创新之举,因此在该项目中有一些独特的表述,本节将重点对"聚光镜"、各类游戏的"核心价值"以及"联动价值"进行概念诠释。

一、"聚光镜"的概念

"区角",或称"区域",乃指目前在中国幼儿园通常设置的游戏区域,本项目中特指室内的"装扮区""建构区"和"表演区"以及户外的"体能区"。

"游戏"指幼儿运用知识和语言,借助各种游戏材料,通过身体和心智作用,反映和探索周围世界的一种活动。

"聚光镜"则是一种比喻,即指借用聚光器"不仅可以弥补光量的不足和适当改变从光源射来的光的性质,而且将光线聚焦于被检物体上,以得到最好的照明效果"之原理,在本项目中是让教师利用两整天的时间,对某一区域进行深入、细致的观察和分析的方法。"聚光镜"也是指教师在对幼儿的区域游戏进行观察的视角和与教育反思连接的节点,左边的示意图展示的就是"聚光镜"游戏观察项目的直观印象。

"聚光镜"游戏观察示意图

本项目"聚光镜"游戏观察的核心概念就是让教师能从自己的已有经验出发,针对幼儿在前述的四大区域,对幼儿的游戏行为和幼儿的心理发展水平,以及与之关联的教育反思进行有目的、持久和深入的观察与记录。

二、四类游戏的"核心价值"

所谓的"核心价值",是指各类游戏中有别于其他类别游戏的独特的、主要的价值。

纵览海内外相关文献,尚未见游戏的"核心价值"一说,笔者之所以敢斗胆创造这一词语,乃在于痛感现实。在阅读大量的幼儿教师游戏观察记录之后,我们发现不管任何区域,教师们对游戏的关注点都局限于幼儿的社会交往、幼儿在游戏中的持久度和兴趣度,而不知各类游戏对幼儿身心发展的不同影响。如若此,在幼儿园中为何要开展不同性质的游戏呢?教师们如不了解这些区域游戏的核心价值,又如何有的放矢地进行环境创设和材料投放呢?又如何给幼儿在各类游戏中提供相应的适宜性帮助和支持呢?

鉴于此,在"聚光镜"游戏观察项目开展之际,笔者在对数百篇与游戏相关的论文进行综合梳理后,提炼出了"装扮区""建构区""表演区"以及户外"体能区"游戏的"核心价值"。这四个区中各自的主要游戏分别为"装扮游戏""建构游戏""表演游戏""体能游戏",因此下文将梳理这四类游戏的核心价值。

(一)装扮游戏的核心价值

装扮游戏,通常也被称作"角色游戏",在幼儿园是一种最常见的、最受幼儿喜爱的游戏之一。装扮游戏从社会交往角度来看,可以归为"社会性游戏";从认知的角度来看,又可归属于"创造性游戏"之列,因为幼儿可以通过装扮游戏,对社会现实生活进行模仿与想象,由此获得模仿能力和创造性的发展。因此其核心价值就在于让幼儿通过"以人代人""以物代物"和"模仿想象"等游戏行为,获得从简单模仿到积极创造的发展。

所谓"以人代人",是指幼儿在装扮游戏中扮演现实生活中不同的角色,如扮演小医生、小店员和爸爸妈妈等,反映了他们对社会角色的认知水平。

丰子恺先生的漫画中有不少涉及装扮游戏的核心价值的内容。"模仿爸爸的幼儿"一图表现的就是幼儿穿着爸爸硕大的鞋子、手提爸爸大大的公文包、拿着远高于身长的手杖在模仿爸爸的生动情景。

模仿爸爸的幼儿①

用扇子替代车轮的幼儿②

所谓"以物代物",是指幼儿用功能不同但外形相似的材料进行替代性操作。幼儿在装扮区中使用的游戏材料,也是"聚光镜"游戏观察项目在实施过程中研究的一个重点。我们将有具象性、不可拆卸的材料,如仿真的各种蛋糕和面包点心、水果、纸杯、刀叉以及仿真纸币等都归为高结构的"仿真材料"。当幼儿根据物品的外在形状或某种特性用作其他用途时,如把雪花片当作止血棉,我们则将其命名为"以物代物"。丰子恺先生的漫画中也有对此生动表现,他用两把扇子来替代车轮,形象生动地说明了"以物代物"的内涵。

相关的文献和研究表明,幼儿使用"仿真材料",更利于他们模仿现实,而"以物代物"行为则更能体现其创造性。根据幼儿的心理发展规律,从小班、中班到大班,使用仿真材料的比例应该是逐渐下降,"以物代物"的行为逐渐增加。据此,也当引起我们对装扮区游戏材料投放的新思考:为促进幼儿的创造性,根据其年龄发展特点,我们也应该逐步投放更多可激发幼儿"以物代物"行为的低结构材料。

(二)建构游戏的核心价值

建构游戏,又被称作"结构游戏",也是深受幼儿喜爱的区域游戏之一。建构游戏是幼儿通过利用各种不同结构材料进行动手造型的活动,构造物体或建筑物,以实现对周围现实生活的反映。在建构游戏中,幼儿是通过使用各种低结构游戏材料以及加上一些成型的高结

①② 引自丰子恺先生的漫画。

构材料,通过排列、搭建、架空、围合以及构成模式等核心经验,获得对物理世界的探索。因其主要价值在于可体现幼儿运用材料表征其心理图式的能力,据此推测幼儿的思考力、想象力,因此也被归为"创造性游戏"之列。"专心致志地进行建构游戏"一图呈现了幼儿进行建构游戏的实际情况。

专心致志地进行建构游戏①

建构游戏的核心价值乃在于促进幼儿手的技能训练和发展思维能力,特别是为幼儿提供许多问题解决的计划,加深获得视觉/空间理解,刺激想象和创造力。

建构游戏的这些核心价值与STEM(Science, Technology, Engineering, Mathematics)有着直接联系,因为幼儿在进行建构游戏时,需运用到数学比较和科学技能,由此能习得对形状、尺寸、颜色、分类的认知能力,以及通过目测比较高度、宽度、长度的能力。研究表明,学前期儿童的这些能力可直接预测他们在初中和高中时的数学成绩。与此同时,构建是一个关联工程的能力,因此建构游戏可最直接地促进幼儿的科学技能。

(三) 表演游戏的核心价值

表演游戏是幼儿根据文艺作品中的情节、内容和角色,通过语言、表情和动作进行表现的一种游戏。幼儿的表演游戏融想象、创造于一体,对幼儿创造能力的培养与发展起着不可低估的作用。

正在表演"孙悟空三打白骨精"的幼儿②

---

① 北京兵器工业机关服务中心幼儿园王丹老师提供。
② 北京美和园幼儿园汪绪娟老师提供。

表演游戏的来源既可从文学作品,如故事、童话、诗歌乃至世界文学名著中选出,也可以是幼儿与教师共同创作的。应根据情节来创设表演游戏的场景,制作仿真或以物代物的道具。在表演游戏过程中,幼儿可根据已有剧情加以演绎,若幼儿能力强的话还可以自己创作情节。

表演游戏包含了戏剧、音体和表演三大类别,其核心价值就在于让幼儿通过模仿乃至自创情节、自编台词以及载歌载舞等游戏形式促进其表现力和创造力。但在中国的幼儿园,大都把表演游戏简单地等同于歌舞游戏,失去了该游戏最重要的核心价值。

(四) 体能游戏的核心价值

体能游戏,也被称作"体育游戏",是融合了运动、游戏和教育指导的身体练习活动。体能游戏还被称为活动性游戏或运动游戏,是根据一定的体育任务设计的,由身体动作、情节、角色和规则组成的一种活动性游戏,是幼儿体育活动的一种主要形式,是幼儿园游戏中不可或缺的。

体能游戏包含了"热身运动""基本运动"以及"合作性游戏"三大类别,"热身运动"中包含伸展、弯曲、扭转等运动;"基本运动"中包含了走、跑、跳等基本位移运动,也包含了跳绳和球技等竞技类运动;"合作游戏"则包含了团体竞技,如足球、篮球等大球类运动。

正在进行球类游戏的幼儿①

体能游戏的核心价值在于促进幼儿动作的平衡、协调、灵活性和控制性,还在于促进幼儿运动的力量与耐力。体能游戏除了能发展幼儿的动作之平衡、协调和灵活外,也可作为意志类的游戏,锻炼幼儿的意志品质。

三、各类游戏的"联动价值"

所谓"联动价值",是指幼儿不管是进行何种游戏,在心理各维度都会获得不同程度发展的价值。因为在任何游戏中都一定会有感觉、动作、认知、语言、情绪和社会性发展的渗透,还会有好奇、兴趣等学习品质参与其中。

---

① 北京市朝阳区泛海幼儿园刘子睿老师提供。

由于四类游戏的联动价值是统一的,在此不再一一赘述。现仅从诠释联动价值的视角出发,撷取建构游戏中的自主性、表演游戏中的创造性以及体能游戏中的积极学习品质进行案例分析。

(一)建构游戏中对幼儿的自主性观察

在"聚光镜"游戏观察项目中,我们除了观察游戏的核心价值,还聚焦了幼儿是否具有"自主计划"的能力,如有,是如何计划的?因为这些体现的是幼儿思维中的创造动力及思维的精巧性,更重要的是体现了幼儿的学习主动性和自主决策性。在此以北京市某园中班幼儿的自主性为例,介绍我们分析建构游戏联动价值的尝试。

表"中班幼儿在建构游戏中的自主选择情况"列举了观察中班幼儿在建构游戏中自主选择材料、同伴以及自主计划的情况。

中班幼儿在建构游戏中的自主选择情况

幼儿的选择	材料	有自主选择	梳理要点,发现问题: 在搭建的过程中自主选择材料,自由进行搭建,没有看到搭建计划(如制订简单的搭建计划,决定搭什么,怎么搭,需要用什么来搭)
	同伴	没有看到选择	
	计划	没有看到计划	

从上表中可看到,中班幼儿的自主性选择主要体现在游戏材料上,而选择同伴和自主性计划都没有被观察到。究其因,这种自主计划行为的稀缺,可能跟建构游戏中大都由教师预设主题有关。在已有主题下,特别是有图示贴在墙上的话,幼儿与同伴协商搭建何种物体以及商讨如何搭建的机会就会显得微乎其微。我一直在想:如果教师预设的主题和图示都没有的话,幼儿的自主计划是否能增加呢?我对此充满探索的兴趣和期待!

(二)表演游戏中对幼儿的创造性观察

如前所述,表演游戏是幼儿根据文艺作品中的情节、内容和角色,通过语言、表情和动作进行表现的一种游戏。幼儿的表演游戏融想象、创造于一体,对幼儿创造能力的培养与发展起着不可低估的作用。

在"聚光镜"游戏观察项目实施过程中,我们聚焦中班幼儿,力图通过观察了解幼儿在进行表演游戏时所体现的创造性行为,表"中班幼儿在表演游戏中的创造性行为分析"呈现了观察的部分结果。

中班幼儿在表演游戏中的创造性行为分析

分析维度			统计	备注
角色	符合情境的模仿行为	即幼儿在表演游戏中结合情境的模仿行为	4次	
	想象性行为	幼儿自创的能表现剧情的"无中生有"行为	0次	
行为 (与表演相关)	与同伴互动		3次	小矮人摇晃公主的肩膀试图唤醒她、小矮人搀扶公主坐在椅子上、王子亲吻公主
	深化或拓展主题		0次	

通览表格,其中两个"0"引起我们的关注。一是幼儿"幼儿自创的能表现剧情的'无中生有'行为",二是幼儿的"深化拓展主题行为",这两类行为恰是表演游戏中的创造性元素,与此形成对比的是"模仿行为"却发生了4次。数字无生命,却能引发思考。在以往的心理学研究中,曾揭示4—5岁幼儿处于幼儿期创造性的高峰,但为何在我们所观察的中班幼儿的游戏行为中,却难寻表演游戏的创造性元素?因无实证研究数据,只能推测:这或许与将表演游戏简单等同于歌舞游戏,把表演游戏理解为是对既成剧本的模仿游戏有关吧?

(三) 体能游戏中对幼儿积极学习品质的观察

在"聚光镜"游戏观察项目中,我们不仅关注幼儿在体能游戏中的核心价值之获得,也关注幼儿的"积极主动""不怕困难"和"探索尝试"等学习品质之习得。

在对中班幼儿进行了3分20秒的精密观察中我们惊喜地发现,幼儿在"拉轮胎"的体能游戏中,虽然是初次尝试,但参与该项游戏的幼儿都能全神贯注,虽然拉的轮胎有一定重量,幼儿仍能坚持,不断尝试做出新的动作。在进行量的分析中,我们将幼儿全身心投入到活动中的时间作为一个重要的观察指标,所获结果如表"中班幼儿在体能游戏中所体现的积极学习品质"所示。

中班幼儿在体能游戏中所体现的积极学习品质

游戏持久度	平均198秒	热身	视频中没有
社会	合作0次	表情	积极

通过观察我们欣慰地看到,幼儿平均投入游戏的时间几乎为观察时间的全部,在游戏中表情积极。幼儿游戏持久度高是因为教师的目标设计和情境构架引起了幼儿关注,使他们产生出浓厚的游戏兴趣。幼儿在生活当中虽然很少有机会做"拉轮胎"这个动作,但在体能游戏中他们可以亲自体验,通过情境让幼儿接触到新的动作可以调动他们运动的热情,幼儿的兴趣就是让其多次尝试的基础。

第三节 实践操作之解析

在"聚光镜"游戏观察项目中,将实践操作归纳为"六部曲"。

"聚光镜"游戏观察的"六部曲"

一、"聚光镜"游戏观察项目的"六部曲"

(一)确定观察要点

每个区域游戏都有其个性特色以及共性特点。为便于教师既能对准各区域游戏的核心特色进行聚焦式观察,又能通过这种聚焦式观察对幼儿在该类游戏的关联维度有所了解,在"聚光镜"游戏观察项目中,对所涉及的"装扮游戏""建构游戏""表演游戏"和"体能游戏"都根据游戏理论和国内外对这四类游戏的描述进行了文献归纳梳理,并在此基础上确立观察要点。

1. 装扮游戏的观察要点

装扮游戏中的核心价值及其关联领域的观察要点

- 游戏的地点(装扮区的具体区域)
- 游戏时间顺序(以一个完整活动为单元)
- 聚焦游戏角色的观察分析

行为:发生的装扮行为(个体与同伴)、想象性行为
意识:角色匹配性(如扮演小医生,是否符合常规动作)
- 聚焦游戏材料的观察分析

符号表征能力的观察要点:
(1) 认识并使用真实的装扮性玩具(用听诊器)
(2) 创造性地使用替代物品(如用雪花片替代止血棉)
(3) 符合表征的顺序

语言领域			社会领域		
倾听同伴	表达与交流	语言习惯	同伴交往	友好相处	行为规范

在"聚光镜"游戏观察项目的实施过程中,会请老师们从自己所拍幼儿装扮游戏的视频中挑选相关内容,根据表中所列的装扮游戏的"核心价值"进行深入观察分析。

参照相关游戏的核心经验与关联经验,能够提示教师聚焦观察幼儿在装扮游戏中的核心经验,其他部分则为装扮游戏的关联经验。当教师有了这些观察要点,就形成了"事先观察脚本"。

2. 建构游戏的观察要点

建构游戏的观察要点

1. 本次活动的聚焦点
1.1 游戏区域:建构区
1.2 理论聚焦:《3—6岁儿童学习与发展指南》
   - 游戏的地点(建构区的具体区域)
   - 建构游戏的具体过程
2. 聚焦游戏过程的观察分析
   幼儿的操作:
   (1) 排列
   (2) 搭建
   (3) 架空
   (4) 围合
   (5) 模式与对称
   (6) 命名作品
   (7) 事先命名

（二）进行现场观察

教师手持前述的"观察要点"进入到指定的游戏区域，分别对小、中、大班幼儿进行30分钟的观察，并用手机等拍摄幼儿的全游戏过程。由于教师们在心中已形成事先观察的脚本，所以到了观察一线，能将镜头对准体现幼儿在该游戏区域中显现的核心经验和关联经验的行为、场景以及游戏材料，而不至于茫然无措。

（三）书写白描观察

所谓"白描观察"，是指从现场观察所拍摄的30分钟视频中拣选出最具观察价值的10分钟片段进行观察记录的方法。让教师将拍摄所得的核心部分进行白描式观察，旨在让教师梳理出幼儿在某游戏区域的总体表现之脉络，厘清聚焦式观察的总体思路。

下面以某教师填写的观察表格为例，说明教师们如何根据观察要点来撰写白描观察记录的。

白描记录（例）①

观察时间	2017.3.24	观察班级	中班
建构主题	桥		
游戏类型	建 构 游 戏		

行为记录要点	建构行为的观察	**游戏的开始**（发起者与回应者） 自然发生的 **地点**（建构区的具体区域） 建构区，教室内靠墙的一侧 **建构的具体过程** 围圈—搭桥 **同伴的具体交往**（计划、协商、合作、冲突、解决问题……） 计划：观察时间内没有看到计划。 协商：观察时间内没有协商。 合作： 1. 小绿拿起圆柱形的积木放在桥的拐弯处，小黄说："拿一块小的。"小绿拿一块正方形的积木放到刚才的圆柱形积木之上，桥合拢。小黄面带微笑地说："Yes。"（合作和计划）小黄用手比出3并对小绿说："给我拿三块圆柱形的积木就可以了。"小绿说"好的"并转身离开，小黄又说："三块就好了。" 2. 接着用双手示意小绿过来，提醒："小心脚底下，别碰倒了。"小绿左边抱着两块圆柱形积木，右边抱着一块圆柱形积木，从搭好的"桥"中走到小黄的身边。小绿接过积木，两人在搭好的桥的外缘将三个圆柱形积木按照同等的距离排列开，对小绿说："再给我拿三个积木。"小绿微笑着迅速从搭好的"桥"上跨跳过去。 3. 第三次取积木。小黄回头取了一个小小的拱形积木放置在排列好的两个圆柱形积木上方，拱形积木掉落在地上，同时抬头对小绿说："我说的是三个！"小绿沿着搭好的桥和教室的墙边走过来说："这次我拿了四个。"

---

① 该表格经北京荣和教育儿童研究发展中心于洋和徐宁整理而成。

续 表

游戏类型	建 构 游 戏
	冲突：观察时间内没有。 **解决问题**：自行解决。 **积木倒了**： 小绿放下圆柱形积木，积木滚到了桥边上，碰倒了搭好的一部分桥，小黄低声："啊……"小绿笑了一下，然后动手搭倒掉的桥，笑着用手指做出"嘘"的动作，嘴巴里也说着"嘘、嘘、嘘"，小绿修复了倒塌的"桥"。 **其他**： 小绿修复了倒塌的"桥"，接着将拿来的圆柱形积木进行排列，小黄对小绿说"我去那面了，你搭这面吧"，并带走了一块长方体的积木。到了桥的对面后，小黄修复了一下歪了的桥面，然后抱回了4块圆柱形的积木和小绿一起搭积木，小绿又取回了3块长方体的积木。

从表中可看出，一旦有了前述的"观察要点"，教师就能有条不紊地聚焦幼儿的游戏行为和教师的介入行为等进行深入细致的观察与记录。

（四）实施数理统计

此处的"数理统计"，是指教师在白描的基础上，聚焦某关键点，或计算出某行为、表情的时间长度，或统计出某行为、表情、语言及使用材料的有无，最后计算出发生率或发生频次。表"对幼儿在装扮游戏中材料使用统计"呈现的是教师对幼儿在装扮游戏中使用高结构的仿真材料和"以物代物"材料的发生比例比较的结果。

对幼儿在装扮游戏中材料使用统计[①]

	材料分类（种）	小班	中班	大班
真实模仿	餐具	31	10	8
	食品	7	8	2
	医疗	2	0	15
	美容	6	0	14
	服装	22	14	7
	货币	0	8	5
创造想象	其他	杯垫—饼干 绒球—馅 橡皮泥—西瓜	橡皮泥 笔帽—2	橡皮泥

通过数理统计后发现，在被观察的9个班级中，幼儿在装扮区中使用仿真性材料高达96%，而"以物代物"的创造想象材料只占4%。这样的数理统计让老师们感到十分震撼，同时也深深地感受到数字的力量。

[①] 感谢江西省赣州市保育院兰天涵老师提供调查研究资料。

(五) 分析幼儿发展

为便于教师通过对各区域的游戏观察,能进而分析幼儿的心理发展,我们根据《指南》选取与各区域的游戏更为密切的关系领域,作为直接经验关联到观察的幼儿心理发展要点。表"直接经验关联要点观察维度"呈现的是以装扮游戏为例的说明。

直接经验关联要点观察维度

语言领域			社会领域		
倾听同伴	表达与交流	语言习惯	同伴交往	友好相处	行为规范

在《指南》中,有些领域虽然与该区域的游戏行为没有直接关系,但也将其作为间接经验关联领域的观察要点。例如,装扮游戏中,可关注幼儿健康、科学、艺术领域的发展。

装扮游戏中间接经验关联领域的观察要点

健康领域		科学领域		艺术领域
情绪安定	动作发展	安全意识	感知数量	形状空间	艺术表现

让教师根据《指南》中对3—4岁、4—5岁和5—6岁所做的各领域发展的典型目标之描述,来对应着所观察的幼儿的年龄具体深入地分析,能使教师真正地解读幼儿在游戏中表现出来的年龄发展特征,从而为他们进一步支持和引导幼儿进行区域游戏打下坚实基础。

(六) 反思教育行为

让教师进行聚焦式的游戏观察,其根本目的在于提升教师在创设游戏环境、投放游戏材料上的能力,从而促进幼儿心理发展。因此,在"聚光镜"游戏观察项目中,将教师对幼儿的游戏观察、对幼儿的心理发展水平的推测及教师的教育行为串成了三位一体。

通过观察,教师的教育行为反思会具体体现在各类游戏的适宜多样游戏材料的投放、活动过程中教师的适时介入和及时退出等方面。比如在中班体能游戏中,有教师根据幼儿游戏进行了反思:"老师在讲解动作时,将大躯体的身体动作要领进行了讲解,但是肢体动作要领没有提到,幼儿不知道手脚需要怎么配合身体往前爬。教师在讲解动作时可以以身示范,请幼儿观察自己身体、四肢的动作来发现动作要领;体操垫的长度没有满足幼儿锻炼匍匐前进的需求,幼儿趴下后身体直接就超过了垫子一半,所以往垫子上'跃'的时候一下就跃过了半个垫子的长度,剩余的长度无法满足幼儿练习匍匐前进的需求。对于第一次接触新的动作要领的幼儿们,以比赛的形式进行活动可能不太适宜,容易让幼儿们将注意力放在速度上而忽略了

"聚光镜"游戏观察项目中的"三位一体"构思

动作要领。"

在观察中,将教师的教育行为与教师对区域游戏的观察以及幼儿心理发展的推测关联起来,便于教师在观察和推测基础上对4个区域的材料投放、区域的空间及游戏时间的设置以及教师的介入等教育行为进行综合性反思,能使个别化教育最大化和最优化。

二、"聚光镜"游戏观察项目实施的特点

"聚光镜"游戏观察项目的实施特点在于设计不同的观察目标,让各类教师都能在自己的已有经验、现有水平上得到不同层面的专业发展。

新手教师
初晓区角游戏观察的概念和方法;
初步了解幼儿在游戏中表现出的心理发展水平;
有初步的教育行为反思意识

经验教师
掌握区角游戏观察的概念和方法;
深入了解幼儿在游戏中表现出的心理发展水平;
有清醒的教育行为反思意识

骨干教师
熟练掌握区角游戏观察的概念和方法;
深入细致了解幼儿在游戏中表现出的心理发展水平;
有十分清醒的教育行为反思意识

三类教师在"聚光镜"游戏观察项目中的不同目标

"聚光镜"游戏观察项目实施以来,聚焦"六部曲"的内容,三个层面的教师同时对幼儿的"装扮游戏""建构游戏""表演游戏"以及"体能游戏"进行观察实践。教师们都在不同层面和不同维度上,对幼儿区域游戏的观察水平、对幼儿的心理发展解读以及对自身的教育行为反思能力得到了不同程度的提升。

(一)聚焦区域游戏观察水平得到提升

美和园的孙薇老师表达了如下心声:

因为提前打印出了课题组准备的"游戏行为记录要点",所以在观察的过程中,可以根据这些框架的提供,非常有针对性地进行观察和记录。除了按框架记录真实的活动以外,还更聚焦于游戏过程的观察分析,游戏过程的观察分析包括"幼儿的选择"以及"幼儿的操作""语言"三方面内容,此次活动我印象最深、获益最多的就是在"幼儿的选择"的分析上。

"幼儿的选择"包括材料的选择、同伴的选择、计划的选择。首先从材料的选择上来看,教师投放的材料是否适宜是直接影响幼儿的操作游戏的。在我进入的班级,建构区投放了丰富的实心木质积木、易拉罐及一些绿化辅材,今天这三个小朋友结合自己搭建的主题"钟楼"则选择了大量的木质实心积木进行搭高的活动,在木质实心积木不够的情况下,孩子会参考墙面的图片,使用了四个易拉罐作为柱子支撑,也配合主题,拿了四个时钟作为辅助装饰材料。其他的操作品均为积木。可见,结合大班幼儿的年龄特点,在建构区内投放大量的木质实心积木是可以促进及支持幼儿进行建构游戏的。相反,如果提供了太多眼花缭乱的辅材,可能反而会限制幼儿建构水平的发展。

(二)解读幼儿心理发展的能力得到提高

美和园的赵颖老师通过"聚光镜"游戏观察项目,产生了以下感受:

知道了通过开展建构游戏,不仅能发展幼儿的动手能力和建构技能,还可以很好地培养幼儿的想象力、观察力、合作能力,使幼儿在协商、谦让、交换的游戏氛围中,学会分享与合作,尝试开拓与创新,体验成功与挫折,从而实现合作交往能力的提高以及幼儿个性的和谐全面发展。

(三)针对教师教育行为的反思意识得到强化

人大幼儿园的朱莉老师结合观察结果,及时调整了教育行为。她分析到:

在短短的10分钟观察分析中发现建构区存在的问题有:(1)材料几乎都是积木,偶尔是装扮类的;(2)同伴之间更多的是平行游戏,交流很少;(3)幼儿的自主计划没有,想象没有,几乎都是模仿,以物代物几乎也没有;(4)材料单一,幼儿可选择空间少;(5)排列几乎没有年龄差异(应该随着年龄的增加而减少);(6)90%的时间没有事先命名;(7)幼儿描述性语言比思考性语言多;(8)教师发现问题后引导幼儿思考的少,教师的主动介入多;(9)教师的介入重认知轻建议;(10)幼儿在自我修复时教师的介入没有。

总结以上问题做了以下改进:

(1)扩大建筑区面积,在区域提供木质硬积木和软积木供幼儿使用;

(2)把自主权交给孩子,发现问题引导幼儿主动思考;

(3)在区域游戏时,教师要适时介入,让幼儿自主安排或和同伴之间互相商量一起完成搭建。

(4)及时鼓励幼儿,教师介入要分清时机,把主导权还给孩子。

虽然限于篇幅,在此只拣选了三位教师的心得进行介绍,事实上全体参与的教师都在不同程度上有所收获,他们更希望"聚光镜"游戏观察项目得以延续和持久进行。

从后面的区域游戏中,我们可以很欣慰地看到参与"聚光镜"游戏观察项目的老师都能敏锐地捕捉到幼儿在"装扮游戏""建构游戏""表演游戏"以及"体能游戏"的核心价值和联动价值,他们不仅能看懂幼儿,更能结合教育实践进行反思。游戏观察真正落到了实处!

我们已经有了一个良好的开端,但我们深深地知道要真正使每位幼儿教师都能熟练掌握游戏观察的要点,做到通过游戏观察来促进幼儿的心理发展,还有很长的路要走。路漫漫其修远兮,吾将上下而求索!希望全国有更多的幼儿教师能加入到我们的"聚光镜"游戏观察项目中来!

华东师范大学学前教育系教授　周念丽

| 装扮区

游戏观察与分析

宝宝睡觉啦

游戏主体：策策、球球

游戏精彩回放与聚焦点：幼儿角色意识

我看见

策策（妈妈）在床边给宝宝盖被子，一边用手拍着宝宝一边说："宝宝该睡觉啦。"说完起身走到玩具柜周围转了一圈，看了一眼球球（奶奶）手里的仿真刀叉没说话。

教师问："策策你在干什么？"

策策看着玩具柜说："我在找手机，给宝宝放故事听。"说完转了一圈没拿任何东西，回到床边给宝宝盖好被子走开了。

教师询问："怎么不给宝宝讲故事了？"

策策看着老师说："让他自己慢慢睡吧，就像在幼儿园一样。"

教师继续追问："那他自己能睡着吗？不需要妈妈陪吗？"

策策回头看一眼宝宝说："没事的，我自己在家就是这样睡的。"

说完后，坐到沙发上开始和球球一起看电视。策策说："超级飞侠。"球球回应说："对。"两个人在沙发坐了几秒钟便走开了，拿起玉米穗放在碗里开始摇晃。

策策说："这个怎么没有声音啊？"球球接过来说："我试试。"球球在耳边摇了摇，说："只有一点点。"两个人你一次我一次地摇着碗里的玉米穗。

教师说："宝宝哭了，快去看看吧。"

策策走回床边把宝宝抱起来，朝着沙发处的球球说："你去拿奶吧，宝宝该喝奶了。"

球球走到小床边坐下对着策策说："宝宝晚上用喝奶吗？"

策策回答说："用啊，宝宝该饿了。"

球球看着教师问："老师,宝宝晚上用喝奶吗?"

老师回答说："有的宝宝晚上要喝奶,有这种习惯,有的宝宝没有。"

球球听完拿了一个奶瓶递给策策,策策一只手抱着宝宝,一只手给宝宝喂奶。

策策给宝宝喂奶

两个人一起给宝宝穿衣服

策策喂了几秒后抱起宝宝要给他穿衣服,球球拿过一件衣服说:"我帮宝宝穿吧。"策策说:"不用。"球球手里拿着衣服不放,策策着急地说:"快点,要不然宝宝该感冒了。"

球球说:"你给他穿上衣,我穿裤子。"两个人一起给宝宝穿好衣服后,抱起宝宝坐在沙发上看电视。

我看懂

策策扮演的是妈妈,球球选择的角色是奶奶。两个小朋友在游戏中呈现出的角色特点有以下三点。

(1)《指南》中指出,幼儿的学习是以直接经验为基础,在游戏和日常生活中进行的。"娃娃家"是幼儿最为熟悉,能较真实地展现幼儿角色模仿性的游戏。策策在游戏中模仿妈妈的样子照顾宝宝、给宝宝盖被子、给宝宝喂奶等,这些动作表现出他对此角色的认知很清楚,将自己的经验通过角色扮演模仿出来。

(2)球球在游戏中扮演奶奶,游戏过程中"奶奶"没有展示出具体的角色行为和语言。

(3)小班幼儿平行游戏的年龄特点,使他们在游戏中缺乏角色分工、合作的意识和技能。例如:策策在照顾宝宝睡觉的时候,球球在玩具柜旁边摆弄着仿真玩具,策策说"帮我拿一个奶瓶",球球便拿过来。两个人的对话没有称呼,两个小朋友缺乏对角色之间社会关系的认识,不会进行合作式的角色扮演。

我所思

小班幼儿年龄小,缺乏生活经验和游戏经验,游戏情节单一,角色理解不够深入,游戏意识薄弱,大都被教师投放的材料所吸引,游戏过程中很多时候停留在摆弄游戏材料上,而不会去思考自己所期望扮演的角色,很少能想到要产生与角色相适宜的行为。因此,在游戏中教师可以根据幼儿喜欢摆弄游戏材料的特点,投放一些代表角色特点的材料,如剃须刀、奶

观察点亮游戏

瓶、珠宝首饰等,让幼儿可以借助更多特殊的材料理解角色。

北京市朝阳区安华里第二幼儿园　曾东霞

包 饺 子(一)

游戏主体:乐乐

游戏精彩回放与聚焦点:模仿想象、以物代物

我看见

乐乐拿"小樱桃"

乐乐(爸爸)抱着娃娃走到老师面前说:"宝宝饿了,该给他'做饭'了。"教师问:"你想给他做什么吃的?"乐乐抱着娃娃微笑着说:"我给他包饺子吧。"教师说:"好啊,宝宝肯定很喜欢吃、很开心。"

乐乐(爸爸)将娃娃放下,走到美工区迅速地拿来一包白色的超轻黏土,取出一小块在垫板上搓成一个圆球,再摁压成饼状,开心地自言自语:"'饺子皮'做好了。"又走到娃娃家的玩具柜处,站了一会儿,拿出一个小小圆圆的仿真"小樱桃"。坐回椅子,将"小樱桃"当饺子馅放在"饺子皮"上,用手指捏了捏,微笑着举起和老师说:"我的饺子包好了。"

教师说:"你还没捏合呢,把两边捏合在一起。"他低头专注地用两手指捏的方法,将饺子包好。

乐乐拿着饺子高兴地举向教师说:"我这次包的饺子都弄进去了,一点都没有漏,我下次还会这样弄。"教师给他竖起一个大拇指。乐乐低头看饺子,然后举过头顶笑着拉长声音说:"我第一次吃这么白的饺子,我等会要炒炒它。"又拿着饺子手舞足蹈地说:"我包的饺子是白色的。"旁边另一个小女孩妙妙听到后拿着"小锅"说:"来,我们煮饺子喽。"边说边把锅放在"灶具"上,乐乐拿着饺子说:"我也需要把它放在锅里。"妙妙拿过乐乐的饺子放在锅里,加水后说:"我也去拿点'饺子'煮一煮。"

妙妙从玩具柜拿了一把玉米穗放进锅里,手里拿着叉子在锅里晃了两下走开了。乐乐将锅放到下面的箱子里,拧了一下按钮并在旁边等着,几秒后打开箱子说:"煮好

妙妙在煮"饺子"

了,我去拿盘子。"然后用手拿"饺子"放到盘里,坐到餐桌前,又站起来说:"我去抱宝宝一起吃。"

我看懂

小班幼儿在游戏中,具有强烈的模仿性,在角色游戏过程中,他们不断模仿成人的行为,创造性地反映周围现实的生活。在"包饺子"游戏过程中,从乐乐使用材料情况看,具有以下模仿特点。

(1) 用身体动作控制黏土方面来看,先将黏土团成球状、摁压成饼状等,能看出他在模仿成人做"饺子"的流程,并且很熟悉。而且乐乐主动提出要给宝宝包"饺子"吃,主动、快速地选择了白色的黏土,说明他对自己要做的"饺子"的样子非常清晰,在大脑中与真实的饺子有了一个快速的对接。

(2) 从"包饺子"的细节动作上看,乐乐能用两手指捏合的方法,顺利地将饺子包好。"煮饺子"的时候,他将"饺子"放进锅中,拧了一下按钮,等一会说煮好了。这些细节能看出他对"包饺子、煮饺子"这个游戏完整地模仿、再现,具有丰富的前期经验。

(3) 语言表达:在游戏中,乐乐通过表情、语言表现出非常愉悦的情绪情感反应。例如:高兴地将饺子举向老师,低头看饺子并举过头顶笑着拉长声音说:"我第一次吃这——么白的饺子,我等会要炒炒它。"拿着饺子手舞足蹈地说:"我包的饺子是白色的。"

我所思

小班幼儿的年龄特点就是模仿想象,他们喜欢模仿家长、老师、同伴的一些行为,他们正是在这种模仿行为中学习、成长,这是他们习得经验的过程。游戏片段中乐乐包好"饺子"要去煮一煮的时候,是直接将"饺子"放进锅里,再加水,这并不是"煮"的正确顺序。所以在后续的活动中,教师要帮助幼儿丰富经验,让幼儿观察家长煮饺子的过程,获得先放水再放饺子的经验。

北京市朝阳区安华里第二幼儿园　曾东霞

包饺子(二)

> 游戏主体:心心
> 游戏精彩回放与聚焦点:坚持性、专注性

我看见

心心(妈妈)和小朋友分配好角色后开始在娃娃家用黏土包饺子,心心双手将黏土搓成圆球,用手反复摁压黏土11次,用胳膊肘压了一次,手掌拍了3次,坚持了43秒后喊道:"萱萱快来呀。"萱萱(在看心心包"饺子")在旁边说:"我没有椅子。"小粉说:"我来帮你。"小粉走过去搬起椅子放在桌边,萱萱坐了一会走开了。

观察点亮游戏

心心制作饺子皮

饺子馅

心心坐好继续摁压黏土,致使黏土变成圆饼状。心心拿起来对老师说:"我的'压饼饺子皮'。"老师给了一个大拇指。心心站起来走开说:"我该去选'馅儿'了,我找个东西来当'馅儿'。"心心来到拼插区,一个小男孩A说:"你来我这干什么?"心心说:"我来找'馅儿'。"小男孩说:"没有'馅儿'。"心心站着没走,小男孩A说:"不能破坏我的枪。"心心说:"我知道了,我不会的。"旁边另一个小男孩B也说:"不能破坏我的枪。"心心说:"不会的,我跟你们是好朋友。"小男孩B说:"你是我的好朋友。"心心点头,走到美工区拿起一个瓶盖看了看,放回去,又拿起一个大一点的圆球用手捏一下,放在手心攥了攥,还是放回去了。走到另一个工具类美工区的柜子前弯腰看一看,摆摆手,一边摇头说:"没有,没有。"又走到拼插区寻找了一会儿,拿了一个小毛球,用手捏了捏,笑着跑回娃娃家,坐下后将小毛球放在制作好的"圆饼饺子皮"里。心心终于找到小毛球当馅,反复摁压了6次小毛球,最后用"饺子皮"将"馅儿"包起来,举起来高兴地说:"看,我的饺子包好了,好白呀。"

我看懂

心心在此次游戏中活动的总时长是5分8秒,在游戏中表现出一定的坚持性和专注性。

1. 专注性

(1)心心在游戏中注意力很集中,对选择制作"饺子"的材料黏土进行了多次的摁压、拍打、捏合,还主动去找替代物当作"馅儿",直到最后将饺子包好。心心一直全神贯注地做这一件事情,可以看出她对"包饺子"这件事很感兴趣,喜欢做这样的活动。

(2)在制作"饺子"的过程中,心心制作的步骤很清晰,先将黏土搓成球,压扁做成"饺子皮",再去寻找物品当"馅儿",最后包好"饺子"。一方面是她对"包饺子"这件事有前期经验,另一方面是她做事情有初步的先后顺序,有一定的任务意识和目标性,所以她在做"饺子"的时候一直很专注。

2. 坚持性

做"包饺子"游戏中,心心应对小挫折时能自己解决,体现在寻找"饺子馅儿"的时候。第一次去拼插区找"馅儿",男孩A说没有,两个男孩还误以为她站着不走会破坏他们的枪,但是心心用一句"我是你们的好朋友"这样友好的话,让同伴消除了担心,同伴也回应心心说:"我也是你的好朋友。"到美工区找寻时,她拿起不同的物品,用攥、捏的方式,去感知这个"馅儿"是否适宜,不过还是没有找到。最后又来到拼插区找到自己喜欢的"馅儿"。经过几次反复的寻找,心心没有中途放弃,遇到不合适的材料仍然继续找,用自己的方式坚持找到了适合的材料。

我所思

《指南》中提到,要充分尊重和保护幼儿的好奇心与学习兴趣,帮助幼儿逐步养成积极主动、认真专注、不怕困难、敢于探究和尝试的良好学习品质。心心在此次游戏中活动的总时长是5分8秒,一直在围绕"包饺子"这件事不断地探索、解决困难,由此可以看出此项活动是孩子非常感兴趣的活动。兴趣是活动的基础,所以在日后的工作中,教师要善于发现幼儿的兴趣,提供一些低结构的材料。材料摆放的位置在游戏中给幼儿造成了干扰,材料应该放在孩子容易取放的位置,使孩子在乐于探索和感兴趣的基础上进行有意义的游戏。

北京市朝阳区安华里第二幼儿园　曾东霞

烤鱼饼干

游戏主体:安安、然然、球球
游戏精彩回放与聚焦点:以物代物、模仿想象

我看见

三个小朋友(安安、然然、球球)在给小宝宝做"烤鱼饼干",安安一边认真地低头用手揪粘毛球往锅里放一边说:"很香哦。"然然从地上装着玉米穗的筐里拿了两把玉米穗放进锅里,微笑着对老师说:"我在做饭哦,很香哦。"接着低下身又去拿,安安继续往锅里放毛球重复问:"香吗?"低身捡玉米穗的然然回答说:"香啊。"安安也自言自语地说:"好香啊,烤鱼饼干。"嘴里发出吸溜的声音。然然放一把玉米穗并高兴地重复安安的话:"烤鱼饼干。"又放一把说:"好香啊。"回去又拿,然然和球球一起往锅里放玉米穗。安安微笑着睁大眼睛、拉长声音说:"好香啊,烤鱼饼干,喜欢吗?曹老师。"

这时球球拿起一个不一样的毛毛球对安安说:"还有一个这样的呢!"安安看一眼说:"不要了,不要了。"球球蹲在地上继续选不一样的毛毛球。然然放玉米穗的时候高兴地说:"我正

然然用玉米穗做烤鱼饼干

在给曹老师做饭哦,一会我邀请你来我家做客好不好?"教师回答说:"好啊。"三个小朋友继续放"食物",安安转身的时候两只手在鼻子周围扇动说:"好香啊。我要去拿小鱼饼干。"安安找到后高兴地举起来给教师看。三个小朋友继续往锅里放"小鱼饼干",安安又说一次:"好香啊。"然然放完后掉了一颗,捡起来放回锅里说:"太满了,烤鱼饼干马上就做好了。"她跑过来叫老师说:"做好了,老师,饭做好了,我请你来我家做客好吗?"教师回答:"好的。"然然来到做好的"饭"前指着"饭"高兴地说:"看,我的烤鱼饼干。"

我看懂

1. 以物代物

他们选择了外形特征相似的小鱼插片当作"烤鱼饼干",这与小班幼儿想象力和游戏能力尚未成熟、思维是直观的有关,所以使用外形相似的小鱼插片替代。

2. 想象性行为

小班幼儿处于想象思维发展的初期,即直觉行动思维,他们对感兴趣的事物喜欢夸大想象,容易沉浸在自己的想象中。幼儿在游戏中多次用语言描述"烤鱼饼干"好香啊,而且安安发出吸溜吸溜的声音,以及做用手在鼻子周围煽动的动作,来表示制作的"饼干"很香。

3. 精细动作的发展

在制作"烤鱼饼干"过程中,幼儿反复地捏拿小粘球,小肌肉动作发展较好,手部动作灵活协调。

4. 社会性交往

然然在做"烤鱼饼干"的时候发出两次主动邀请,愿意与人交往。

我所思

游戏中的球球默默地蹲在地上找不一样的毛毛球,他想加入到安安和然然的游戏中,但是他没有直接表达自己的意愿,而用间接的方式——通过找不一样的球球想引起同伴注意,但是没有成功。所以在以后的活动中,教师要多关注个别幼儿,引导幼儿用明确的语言表达自己的想法。

北京市朝阳区安华里第二幼儿园　曾东霞

为娃娃做饭

> 游戏主体:扮演"奶奶"和"妈妈"的幼儿
> 游戏精彩回放与聚焦点:角色意识、以物代物、角色语言

我看见

在娃娃家,"奶奶"戴着银灰色的头套、挂着胸牌,准备做饭。她拿出了"蔬菜筐"准备切

菜,这时候扮演妈妈的女孩从柜子里面拿出了菜板说:"妈,您忘了放菜板了。"边说边把菜板放在了桌子上。

扮演"奶奶"和"妈妈"的小朋友准备给娃娃做饭

"奶奶"在翻炒蔬菜

"奶奶"拿出一片"蘑菇",放在菜板上准备切菜。"妈妈"站在身后说:"妈,我来帮您。""奶奶"用身体挡在"妈妈"前面,立刻说:"不用你切,我来自己切。"说着左手扶着菜,右手拿着刀,手上下挥动刀假装在切菜。

"妈妈"见状,转身到柜子里拿出一摞碗,说:"我帮你做些果汁给大家喝。"这时"奶奶"嘱咐"妈妈"说:"不能太烫了啊,太烫宝宝喝不了。"然后继续切菜。边切菜边说:"果汁宝宝喝不了,太酸,他会不舒服的。""妈妈"回应说:"没事。"边说边用左手扶着一摞小碗,左手下拉,右手上拉,把其中一个碗拿出来。

"奶奶"在撒调料

奶奶接着来到炒锅前,说:"我在炒菜。"然后把切完的菜放到锅里,从墙上取下了铲子,右手扶着锅把,左手拿着铲子,上下翻炒"蔬菜",还拿起调料瓶上下抖动,做出撒调料的动作。

我看懂

1. 角色意识

扮演"奶奶"和"妈妈"的两名幼儿都明确地意识到自己扮演的角色,她们会佩戴跟角色对应的装饰品和角色牌。在游戏过程中,"奶奶"在切菜、炒菜,为宝宝做饭。"妈妈"在为宝宝做果汁。两名幼儿所表现的游戏行为非常符合自身所扮演的角色。

2. 以物代物

在游戏中,扮演"奶奶"的幼儿表现出明显的"以物代物"行为。"奶奶"拿起空的瓶子,手上下抖动,做出撒调料的动作。

3. 角色语言

两名幼儿在活动交流过程中,一直都在围绕所扮演的角色进行语言交流。例如,"妈妈"跟"奶奶"说"妈,您忘了放菜板了","奶奶"也会嘱咐做果汁的"妈妈"不要做太烫。扮演"奶奶"的幼儿,还有自我独白语言"我在做菜"。

我所思

在两分钟的观察中,幼儿一直都比较专注和投入。两名幼儿的角色意识都十分明确,尤其是扮演"妈妈"的小女孩非常入戏,一直喊"奶奶"为妈妈,并且会用"敬称"。这说明幼儿对"奶奶"和"妈妈"这两个社会角色有比较深入的认识。同时,幼儿能借助游戏材料,表现出符合自己所扮演"角色"的游戏语言和行为。

角色游戏是幼儿对现实生活的反映,幼儿的生活经验是角色游戏开展的前提。教师在指导小班幼儿角色游戏开展的过程中,要尽可能帮助幼儿丰富生活经验,激发幼儿角色扮演的意愿。在娃娃家,幼儿喜欢围绕家庭生活开展想象游戏。教师可以在日常生活中引导幼儿多观察家庭成员的对话和行为,同时指导父母多与幼儿互动,帮助幼儿积累生活经验,这将有助于幼儿持续开展角色游戏。

游戏材料是角色游戏顺利开展的物质条件。在小班幼儿角色游戏中,教师可以为幼儿提供一些直观、具体、形象的材料,如案例中的锅碗瓢盆、空瓶、刀叉等,可以帮助幼儿丰富游戏情节,提高游戏水平。

北京市朝阳区安华里第二幼儿园　李晓莉

做烤鱼、炒米饭

> 游戏主体:萱萱、婉婉
> 游戏精彩回放与聚焦点:以物代物、想象行为

我看见

萱萱在娃娃家的小厨房里对婉婉说:"我要烤鱼。"然后拿出三个鱼型插片说:"我要做很多的烤鱼。"之后,她将插片放到烤箱中,扭转烤箱按钮。婉婉看到萱萱需要取出烤箱中的"鱼",就把手中的夹子递给她说:"夹子。"萱萱使用食物夹把烤箱中的烤鱼夹出,放到餐桌上的盘子中。这时,婉婉看到地上有一块"蛋糕",就从地上捡起来,放到水龙头下,假装有水流出,冲了冲蛋糕后又放回到了食品筐中。萱萱拿起一个小水杯,走到饮水机前假装接了一杯水,放到了餐桌上。然后,她又想了想,拿起橱柜上的小茶壶,再次到饮水器前"接水",回到餐桌给4个小茶杯分别"倒水"。婉婉一手拿炒锅、一手拿铲,一边翻炒、一边前后晃动炒锅,

装扮区　游戏观察与分析

当炒锅中有"米饭"（白色"魔法玉米"）掉在地上时，婉婉捡起魔法玉米，放到水龙头下，假装冲洗。这时，萱萱说："饭（烤鱼）都做好了，快来！"老师问婉婉："你还有一道菜呢，是什么？"萱萱说："米饭吗？"婉婉笑着说："是炒米饭。"米饭炒好了，萱萱拿出碗，婉婉盛出两碗米饭，两位小朋友一起坐到餐桌前吃饭。婉婉用筷子夹起"烤鱼"吹了吹，然后放在嘴边"吃"起鱼来。

婉婉用"魔法玉米"炒米饭

萱萱用鱼型插片烤鱼后，利用夹子夹出热乎乎的烤鱼

我看懂

1. 以物代物

在游戏过程中，萱萱和婉婉利用低结构材料"鱼型插片"和白色"魔法玉米"代表"鱼"和"米饭"，做出了"烤鱼"和"炒米饭"，表现出了"以物代物"的行为。

2. 想象行为

做饭时，婉婉两次将掉在地上的食物放到水龙头下，做出打开水龙头、假装进行"冲洗"的动作；萱萱和婉婉也都考虑到了烤箱中的"鱼"很烫，需要使用夹子取出；吃热乎乎的烤鱼时，很烫需要"吹一吹"。这些行为都是"想象性行为"。在活动中，两位幼儿分别选择了"小鱼插片"和白色"魔法玉米"充当鱼和大米进行烹饪，还利用了饮水机"接水"、水龙头"冲水"等一系列想象动作。

我所思

因为班级中投放了真实的厨具、餐具、电器，还有一些可以充当食材的低结构材料，支持了孩子们进行"以物代物"的行为。活动中也可以看出，材料的提供能很有效地引发和支持幼儿进行游戏，帮助幼儿进行"以物代物""想象"的游戏行为。在今后的活动中，可以继续提供低结构材料，同时引导幼儿了解和观察生活，将所观察到的生活实际大胆运用在装扮游戏中。

北京市朝阳区安华里第二幼儿园　刘丽昆

观察点亮游戏

娃娃生病了

游戏主体：萱萱

游戏精彩回放与聚焦点：角色行为、角色语言

我看见

萱萱（奶奶）从娃娃家厨房的食材筐中取出一粒白色的"魔法玉米"，走到娃娃床边说："我拿了一粒药来喂她吃！"然后把盖在娃娃身上的小被子拉开，摸了摸娃娃的脑门，把手中的"小药粒"放到娃娃嘴边停顿了一下，又放回筐中。然后萱萱打开药箱说："宝宝生病了，看不了表演了，宝宝生病了，要在家中照顾宝宝才行。"经过翻找，萱萱拿出一个药盒，微笑着说："我找到了一个退烧药，可以退烧的药！"老师说："是不是应该先给宝宝量量体温呢？量了体温再吃退烧药。"这时扮演妈妈的婉婉也走了过来，打开药箱在里面翻找东西。萱萱对婉婉说："我来给她量体温吧，妈妈。"婉婉低头翻找，小声说："我找一找，这个，不是……咦，没有啊？……到底在哪啊？"萱萱又打开药箱，找出了体温计的塑料保护罩（假装是体温计），然后抬起娃娃的胳膊放到其腋下，并把娃娃胳膊夹了一下。拿出"体温计"后，萱萱看了看说道："很高度！"又拿起"退烧药盒"，放到娃娃嘴边喂了三下，并给娃娃盖上了一块小布单，说道："我让她再睡一下。"

萱萱摸了娃娃的头，说宝宝发烧了，喂了一粒药

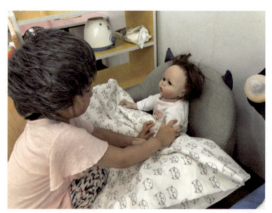

萱萱把体温计保护罩放到宝宝腋下测试体温

我看懂

1. 角色行为

在游戏过程中，萱萱给娃娃"喂药"，通过"摸脑门"和"夹体温计"来判断娃娃是否发烧，并在照顾娃娃时给她"盖上小布单"。这些动作的出现，符合"奶奶"的角色定位，把娃娃当作孩子来照顾。

2. 角色语言

萱萱在照顾宝宝的过程中，还说出"我拿了一粒药来喂她吃""宝宝生病了，不去看表演了""我让她再睡一下"，除此之外，还在活动中称呼游戏同伴为"妈妈"，这些都是符合奶奶的角色语言。

通过分析萱萱的动作和语言，可以看出她的"言行"是对自身"奶奶"角色的内化而自然出现的，都是围绕"我是奶奶，需要照顾宝宝"的角色设定的。因此，萱萱的游戏行为是富有角色意识的。

我所思

在游戏中，萱萱通过量体温说出了"很高度"的话语，本意是想表达娃娃已经发烧了，即"体温很高"。但萱萱用程度副词"很"修饰后面的名词，因此出现了语法上的错误，这种语言方面的表述特点是符合小班幼儿年龄特点的。在日常生活中，需要教师通过多种方法帮助幼儿了解"温度/体温很高"的正确表达方法，掌握正确的修辞方法和表达方式，提高小班幼儿语言表达的准确性。

北京市朝阳区安华里第二幼儿园　刘丽思

美味的午餐

游戏主体：小红、小蓝、条纹、园服
游戏精彩回放与聚焦点：角色意识、语言特点、情感表现

我看见

今天小红、小蓝、条纹、园服来到了娃娃家一起玩游戏，小红坐在地上收拾地面玩具，园服一边抱着娃娃，一边和小蓝、条纹围着餐桌站在一起摆弄着食物和餐具。

园服一只手抱着娃娃，另一只手拿走条纹手里的餐盘说："这是我的，我需要的。"说完后

查看需要的物品

互相交流

抱着娃娃坐在了椅子上。条纹和小蓝一直忙着收拾桌子上的食物,条纹收拾好拍了拍手很开心。抱着娃娃的园服对条纹说:"我想吃片片,就是片片的。"条纹回应说:"啊,你要吃片子?"园服将娃娃放在腿上,两手配合切着蛋糕说:"我要吃这个。"条纹没有回应。

这时小蓝从橱柜里端过来一个小锅,嘴里说着"煮完了,小心烫着",然后将小锅放在了餐桌上。小蓝不小心用胳膊打翻了装着馒头、包子的盘子,馒头、包子全掉在了地上,小红看到后立马蹲下身去捡,小蓝把空盘子随手放到了窗台上,这时条纹坐下来对小蓝说:"是 100 度烫对吗?"小蓝说:"恩。"条纹说:"我还以为是 200 度烫呢。"条纹又问:"一半数对不对?"小蓝一边和小红捡掉在地上的餐具一边说:"对。"

讨论蒸煮食品的温度

小蓝拿着小刀和叉子,坐在椅子上,对着盘子里的包子说:"我要用刀叉吃包子。"小红坐在地上拿起一块蛋糕,冲着条纹说:"这还有一块蛋糕呢!"条纹接过小红手里的蛋糕说:"谢谢,你给我的吗?"小红没有回应,条纹看到小红手里蛋糕上的巧克力插片,伸手去拿,嘴里说:"你可以把这个给我吗?"小红拿着巧克力插片没有撒手,这时小蓝和园服正对着坐在餐桌旁,小蓝拿起一个小刀对园服说:"你喜欢这个刀子吗?"园服笑着说:"喜欢。"条纹转身看到了餐桌上也有一块巧克力插片,伸手拿了过来,放在了自己的蛋糕上,小红拿着巧克力插片放在餐桌上,对小蓝说:"给你吃这个。"小蓝回应说:"好的,谢谢。"园服这时抱起娃娃对条纹说:"我的宝宝生病了怎么办?"条纹说:"什么病?"园服指着餐桌上的食物说:"吃了这个、这个。"最后拿起一块披萨放在了面前,嘴里说着"吃这个太多了",说完后将娃娃放在了腿上。条纹没有回应园服,小蓝跟条纹说:"有一种可以吃的。"条纹拿起一个食物说:"那就是红花卷。"边说边将食物放到了园服的小碗里,园服将盘子里的食物一个一个地摞起来,一边摞一边说:"苹果、鸡蛋。"条纹拿起一瓶牛奶放到了园服摞好的食物上说:"还有牛奶。"但没有放稳,牛奶掉在了地上。

发现宝宝生病

我看懂

1. 角色意识

本游戏是通过游戏材料推进小班娃娃家的角色意识。四名幼儿一起游戏,其中园服一直抱着娃娃扮演妈妈的角色,小红一直在整理厨具和食物,小蓝在做饭,条纹和三名幼儿的互动比较多。

小班幼儿具有强烈的模仿性,在角色游戏过程中,他们不断模仿成人的行为,创造性地反映周围现实生活,对他们的语言、动作、社会交往、生活经验等方面都起到很好的促进作用。但是,小班幼儿的年龄特点是随意性多、生活经验少,所以扮演角色的能力较差,游戏水平较低。

2. 语言特点

小班幼儿以自我为中心,其游戏大多是平行游戏,常独自操作材料。四名幼儿中条纹的语言表达相对较好,能够明确说出自己的需求,也喜欢跟小朋友交往;小红的语言表达相对薄弱;小蓝和园服能够用完整的语言表达出自己的需求。

3. 情感表现

园服从始至终一直抱着娃娃充当着妈妈的角色,并在娃娃生病后知道跟条纹询问解决办法。条纹和小蓝也愿意帮助园服一起给娃娃做好吃的。

我所思

小班幼儿好模仿,已经具有了初步的主体意识,他们渴望像成人那样参加活动,他们会在假想的情景下反映真实生活,而"娃娃家"又比较接近幼儿的实际生活,所以,小朋友们都很喜欢玩。丰富的玩具材料是发展幼儿思维和想象的有效途径。通过玩具材料可启发幼儿产生联想、引起游戏愿望,并可以使幼儿的游戏活动更有目的,增加幼儿对游戏的兴趣和积极性。在整个游戏过程中,四名幼儿能够友好地进行游戏,没有争抢玩具和食物的现象发生,角色意识相对比较薄弱,分工不太明确。游戏初期,在幼儿活动区投放的玩具种类不宜过多,而相同的玩具数量要充足。小朋友的能力之间存在一定的差异,要把能力好的和能力差的搭配起来,让他们互相带动和感染,共同感受游戏的快乐。

中国人民大学幼儿园　赵润婷

西红柿炒鸡蛋

游戏主体:芽芽、夫夫
游戏精彩回放与聚焦点:以物代物、语言交流

我看见

"顾客点了两份西红柿炒鸡蛋,可我们只有一份西红柿和鸡蛋,怎么办?"芽芽端着装好西红柿和鸡蛋的碗对夫夫说。

"那我们可以用插片假装啊。你找黄色的插片,我找红色的。"夫夫指着柜子里放满不同颜色插片的玩具筐说。

"对啊,好办法。"芽芽回答道。

芽芽一手端着碗,一手从筐里挑出红色插片。

芽芽使用高结构材料的"西红柿、鸡蛋"

芽芽假装用红色插片替代"西红柿"

芽芽发现蓝色插片

这时,夫夫手里捧着一把黄色的插片和瓶盖走过来并放进碗里。芽芽拿起一个黄色的瓶盖笑着说:"瓶盖也能吃吗?"

夫夫说:"黄色瓶盖也能是鸡蛋啊!"

说完,芽芽又从筐里拿了一个红色插片放进碗里,一边看着碗里的东西,一边双手抱着碗上下抖动,随后又从筐里拿了一些红色插片。夫夫也拿来了黄色的插片再次放进碗里。

芽芽拿起碗里的黄色插片说:"鸡蛋也太多了吧!"

夫夫说:"西红柿也太多了!"

这时,芽芽从碗里拿出一个蓝色的方形插片对夫夫说:"这蓝色的插片是干嘛用的?"

夫夫笑着说:"蓝色是咸的。"说完把蓝色的插片放回了筐里。

芽芽回答:"那是盐,一会儿炒菜的时候再放。"

我看懂

1. 以物代物

当发现仿真材料不够时,两名幼儿能够根据游戏的需要选择颜色一致的替代材料进行"以物代物"的想象性游戏行为。例如,夫夫说蓝色插片是咸的,芽芽说蓝色插片是盐。可见,幼儿在游戏中有较丰富的假想行为以及创造力的表现与发展。

2. 语言交流

游戏中幼儿能够围绕"西红柿炒鸡蛋"这一游戏内容与同伴进行交流，并且语言较多。例如，芽芽对夫夫说："顾客点了两份鸡蛋西红柿，可我们只有一份西红柿和鸡蛋，怎么办？"

我所思

从游戏中我们可以看到，中班幼儿能够自觉、自愿地开展"以物代物"。例如，"厨师"夫夫把蓝色插片想象成海水的味道，而海水是咸的，所以蓝色插片代表的是咸的味道。"厨师"芽芽把海水咸咸的味道想象成了盐，所以蓝色插片替代的是盐。可见，通过"以物代物"的行为提升了幼儿的模仿力、想象力和创造力。

在装扮区中，教师往往会为幼儿提供较多的仿真材料，但随着幼儿年龄增加，其想象力更加丰富，教师应为幼儿多提供低结构材料，便于开展"以物代物"和"模仿想象"的游戏。

北京市朝阳区安华里第二幼儿园　计田菲

炸 鱼 片

游戏主体：君君
游戏精彩回放与聚焦点：模仿想象、情绪与专注力

我看见

君君右手端起装满"鱼片"的盘子走向灶台，左手端起平底锅左右看了看，又把锅放在灶台上，并把"鱼片"倒进了旁边的炸筐里。君君把盘子和平底锅都放好后，用手拿起炸筐上下颠了三次，又把炸筐在"火上"放了几秒。

君君上下颠动炸筐

接着,君君用手拧开关,一会儿拧第一个开关,一会儿拧第二个开关。

拧好开关后,君君站在灶台前,眼睛看着炸筐,一会儿站立看着炸筐,一会儿用手上下颠动炸筐。接着,君君用手假装从灶台上拿了"调料",往炸筐里的"鱼片"撒去,并上下抖动了两下。

君君拧灶台开关

君君假装拿"调料"并上下抖动

我看懂

1. 模仿想象

在游戏中,君君始终扮演"厨师"的角色,并对"厨师"的行为进行模仿。例如,君君用手上下颠动炸筐、用手拧灶台的开关。同时,在整个装扮游戏中,扮演"厨师"的君君出现了一次想象性行为,用手假装从灶台上拿了"调料",对着炸筐里的"鱼片"撒去并上下抖动了两下。

2. 情绪与专注力

在整个装扮游戏中,扮演"厨师"的君君始终为中性表情,没有积极情绪的表现。但从幼儿的角色行为上可以看出,幼儿在游戏过程中是积极且专注的。例如,用手拿起炸筐上下颠了三次,又把炸筐在"火上"放了几秒。

我所思

从游戏中我们可以看到,通过对现实生活经验的迁移,中班幼儿能够自然且主动地表现出相应的模仿想象行为。例如,拧灶台开关、颠动炸筐、假装拿"调料"撒"调料"。可见,在开展装扮区活动时,教师可以通过多种方式调动幼儿的生活经验,鼓励幼儿将已有经验与游戏相结合,在游戏中提升模仿想象能力,同时增强幼儿的专注、坚持等学习品质。

北京市朝阳区安华里第二幼儿园　计田菲

装扮区 游戏观察与分析

餐　厅

游戏主体：灿灿、伟伟、宣宣
游戏精彩回放与聚焦点：安全意识、以物代物

我看见

在餐厅游戏中，厨师灿灿为小顾客推荐："小餐厅的其他食物是花钱的，但是橱柜里的是不花钱，你们想不想盛，我帮你们。"

顾客伟伟立刻说："我去盛，我去盛。"来到橱柜，他用手抓了一把食物，厨师灿灿立刻说："我帮你拿个夹子，不能直接上手。"然后拿了一个夹子递给了顾客伟伟。

服务员宣宣阻止伟伟取食物，说："这是过期的，不能拿。"这个时候厨师灿灿很生气，冲着宣宣大声喊："这不是！"顾客伟伟用夹子把食物取回桌子，服务员宣宣追过去说："这是过期的不能吃，过期的吃了就有毒。"顾客伟伟用手拿着食物说"没过期"，然后把食物放在碗里。宣宣服务员坚持说："你看这些都冒芽了，不能吃。"但是顾客伟伟没有理会服务员宣宣。

争论食物过期的问题

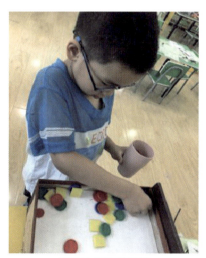
抓插片当作柠檬片

这时候有顾客要点橙汁，服务员宣宣拿了一个空杯子，来到水龙头前，假装拧开了水龙头。接了一杯水，又打开了盛着插片的箱子，抓了几把插片当柠檬片放在杯子里，边做边说："这是橙汁，他们点的橙汁。"做好后送给顾客："给，这个是你的橙汁。"

厨师灿灿发现没有菜了，拿出一张绿色卡纸，又剪了几个绿色的长条，然后放在锅里。接着又往锅里放了红色圆形的橡皮泥，说："加点胡萝卜。"

接着拿铲子在锅里翻炒几下，炒完后又取来圆形的筒，撒了几下："加点盐。"又拿出空的瓶子撒了几下："加点酱油。"加完调料后，用铲子铲了一点食物说："我来尝一尝吧。"尝完后

剪绿色的纸条做蔬菜

厨师炒菜和撒调料

说："这个汤味道不错"。

我看懂

1. 以物代物

游戏中幼儿出现两次典型的以物代物行为。一次是服务员宣宣抓了几把插片当柠檬片放在杯子里，一次是厨师灿灿剪了几个绿色的长条，当作绿色的蔬菜。

2. 安全意识

游戏中能够观察到幼儿的卫生习惯和对食品安全的关注。例如，厨师灿灿说："我帮你拿个夹子，不能直接上手。"服务员宣宣说："这是过期的不能吃，过期吃了就有毒。"

我所思

《指南》中提到，幼儿应具有基本的安全意识和自我保护能力。中班幼儿对危险的认知和自我保护意识已有所提升，能够初步关注到食品安全问题，并且具备一定的食品知识，比如知道过期的食物不能吃，长芽的食物不能吃，幼儿通过想象的形式表现出对这一问题的关注。

在案例中，顾客伟伟在游戏中直接用手抓"食物"，厨师灿灿直接提醒和阻止了他，强调不能用手抓，体现了幼儿具有良好的卫生习惯。幼儿的生活经验会直接影响幼儿对安全和自我保护的认知，教师在日常活动中应进一步丰富幼儿的生活经验，关注幼儿卫生习惯的培养。

北京市朝阳区安华里第二幼儿园　李晓莉

扮区 游戏观察与分析

蓝色的小油菜

游戏主体：晨晨、安安
游戏精彩回放与聚焦点：表达与交流、社会性发展

我看见

晨晨和安安在餐厅做小顾客，他们点了一道炒小油菜，过了一会服务员妙妙把一盘蓝色的小油菜端了上来。因为美工区没有绿色的橡皮泥了，厨师只好用蓝色的橡皮泥做成小油菜。

厨师做的"蓝色小油菜"

小顾客表示强烈的不满

晨晨看到后大喊一声："啊呀，炒小油菜不是绿色的吗，怎么是蓝色的呢？那是蓝莓。"服务员妙妙回应说："这是孟孟去美工区弄的橡皮泥，没有别的颜色了。"然后就离开了。

晨晨很不满地继续嘟囔："我要绿色的，不要蓝色的，太丑了吧！这是蓝莓吧。"安安也说："蓝莓根本没法吃吧？"晨晨用勺子挖了一点"小油菜"，然后说："太黏了吧？"接着又放回盘里说："这根本吃不了。"

安安这时候说："我们应该投诉。"晨晨说："我还要告他们，我还要让他们罚钱。"安安立刻从椅子上站了起来，拉住晨晨的胳膊说："走，去前台。"晨晨边说"我给他们罚钱"，边跟着安安走到前台。

来到前台后，晨晨大声地说："为什么给我们来了一份蓝莓？我们没要蓝莓啊！"服务员妙妙解释道："孟孟去美工区找了，没有绿色的橡皮泥，只有蓝色的。"晨晨说："我不要蓝莓，小油菜应该是绿色的。"服务员妙妙只好无奈地说："好吧，我给你拿回来，你这个小顾客太让人受不了了。"回到座位上晨晨又强

小顾客到前台投诉

调了一遍："这蓝莓太黏了，我们根本就吃不了！"服务员妙妙只好把蓝色的橡皮泥端走了。

我看懂

1. 表达与交流

案例中的幼儿能用非常清晰的语言表达自己的观点，所用的语言比较规范，也比较符合逻辑。例如："啊呀，炒小油菜不是绿色的吗，怎么是蓝色的呢？那是蓝莓。"幼儿也能结合情境，运用不同的语气表达，完整地讲述自己的要求。例如："这蓝莓太黏了，我们根本就吃不了！"

2. 社会性发展

扮演小顾客的幼儿具有一定的社会生活经验，看到蓝色的小油菜后立刻跟服务员表达了不满，但是服务员只是简单解释了一下就离开了。于是小顾客继续走到前台找到服务员表达自己的不满，一直坚持蓝色的小油菜不能吃。在这个过程中可以看到幼儿能主动解决问题，大胆表达自己的想法，通过与同伴的不断沟通、谈判，实现自己的愿望。

我所思

装扮游戏以"角色扮演"为主要表征手段，表现幼儿对现实生活的认识，反映幼儿的社会生活经验。案例中幼儿对蓝色的小油菜不满意，出现了"投诉"行为，大胆地表达自己的不满，还主动到前台交涉，并且提出了"罚钱"等处罚措施，这一定程度上是成人社会生活的投射，同时也是幼儿社会经验的反映。

装扮游戏也为幼儿提供了与同伴互动的机会，幼儿在与同伴互动的过程中，可以认识到其他人会与自己产生不同的意见和看法，逐渐学会协调不同的观点，学会解决人际交往中的问题和冲突。在案例中，幼儿能够主动表达自己的想法，但是并不能很好地理解他人的难处，而更强调自己想法的实现。教师在活动评价阶段，可以引导幼儿尝试理解别人的困难，学会换位思考。

北京市朝阳区安华里第二幼儿园　李晓莉

认真的洗发师

游戏主体：曦曦、端端
游戏精彩回放与聚焦点：角色意识、语言特点、情感表现

我看见

理发店开张了，曦曦走进理发店，这时洗发师端端走上前询问："您需要剪头吗？"曦曦点点头。端端说："请跟我过来先去洗个头吧。"于是曦曦被带到了洗发区。洗发师端端拿着莲

蓬头帮顾客曦曦把头发冲湿,然后关掉莲蓬头拿起洗发露往曦曦头上挤了几下,收起洗发露后两手开始认真揉搓起曦曦的头发。端端搓了一会后又拿起蓬头冲头发,一边冲一边问曦曦:"水烫吗?"曦曦笑着说:"水有点凉。"

于是端端站起来摁了下热水器上的按钮将水温调高了点,然后蹲下又问曦曦:"这下可以了吗?"曦曦笑眯眯地点点头。端端冲了会后将莲蓬头收起来,拿下夹在夹子上的毛巾,将毛巾放在曦曦的头发上揉搓了两下,然后将头发整理好,将毛巾包在了头发上。

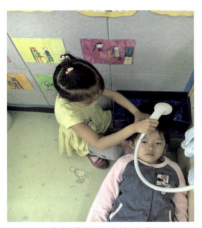
拿起莲蓬头冲洗头发

洗好头发后,用毛巾将头发包裹起来

端端包好头发后跟曦曦说:"起来吧。"曦曦起身,端端用手托着曦曦包好毛巾的头发,将曦曦送到了理发师那里。

我看懂

1. 角色意识

洗发师端端明确地意识到自己扮演的角色,会通过自己掌握的洗发流程,一步步地给顾客洗发。

2. 语言特点

洗发师能向客人作介绍且会通过语言招呼客人,能用语言与同伴交往。两名幼儿在游戏过程中多采用一问一答的方式进行交流。

3. 情感表现

在上述游戏场面中,端端对待工作特别认真,对顾客认真负责,能够站在顾客的立场上考虑顾客的感受。比如,在冲头发时,端端会主动询问顾客的感受:"你觉得水烫吗?现在怎么样?"当给顾客洗完头后怕顾客自己找不到理发师,主动将顾客带到理发师面前,服务很到位且有很强的责任心。游戏中,两个小朋友配合得也很默契。

我所思

整个活动中洗发师端端和顾客曦曦配合得很默契,两名小朋友前期经验很丰富。端端知道整个洗发流程,这说明在平时生活中端端去过理发店,并对洗发师工作的操作流程很明确,所以在角色游戏中表现得很自如。通过整个活动让我感受到幼儿在角色游戏中前期经验的积累有多么重要,正如张雪门说的"生活即教育",在生活中不知不觉学到的一些技能,会体现在幼儿的游戏中,让幼儿的游戏水平更高。

中国人民大学幼儿园　朱　莉

锡 纸 烫

游戏主体:多多、童童
游戏精彩回放与聚焦点:角色意识、语言特点、情感体验

我看见

理发师多多给顾客童童梳头发,发现下面的头发有点打结,多多跟童童说:"这头发真不好梳。"童童回应说:"有点太黏了,应该回家热一下再梳。"多多没有回应,继续给童童梳头发,一会站着梳,一会蹲下来梳。童童则摆弄着桌上的梳子和卷发棒,嘴里说着:"应该回家热一下再梳。"说完后开始哼唱着歌曲。多多不停地给童童梳着头发,童童拿起桌上的卷发棒问多多:"这是什么?"多多笑着说:"那不是梳头的。"多多拿起童童的一缕头发,将锡纸放在头发下面,两只手配合将头发包在锡纸里面。

多多用一只手捏住包好的头发,另一只手捋了捋下面的头发,然后从桌上拿出一个烫发卷。右手捏着锡纸包好的头发,左手拿着烫发卷,将包好的头发放在卷发棒上面开始从下往上卷。

卷到头顶时,拿来烫发卷的壳去卡烫发卷。多多费了好大力气终于将烫发卷壳卡在烫发

多多用锡纸将一缕头发包起来

多多将烫发卷放在用锡纸包好的头发上,开始从下往上卷

多多用烫发卷的壳将卷好的头发卡在一起

卷上面。一个锡纸烫做好了，多多又从筐里拿出一个烫发卷，将外面的壳和里面的芯分开。多多拿起梳子将童童的另一半头发梳理整齐后，又做好了一个锡纸烫，多多笑着松开了手。

我看懂

1. 聚焦幼儿

扮演理发师的幼儿多多，在游戏中表现出以下三方面的特点。

（1）角色意识。

多多明确意识到自己扮演的角色——理发师，会通过模仿老师的动作，专注地学习锡纸烫的方法，并很认真地完成锡纸烫的一系列动作。

（2）语言特点。

扮演理发师的幼儿在整个活动过程中语言交流并不多，只是在活动开始。多多给童童梳头发的时候遇到了头发打结的情况，多多跟童童说："这头发真不好梳。"童童回应说："有点太黏了，应该回家热一下再梳。"多多没有回应，继续给童童梳头发。在活动中，童童拿起桌上的卷发棒问多多："这是什么？"多多笑着说："那不是梳头的。"除此之外多多只是很认真地做着自己手里的事情，和顾客没有过多的交流。

（3）情感表现。

在上述游戏场景中，扮演理发师的幼儿对待工作特别认真，对锡纸烫这一新技能能够很专注地完成，对顾客负责，有很强的责任心。

2. 聚焦教师

在上述游戏场景中，教师提前帮幼儿示范如何使用锡纸烫这一新技能。在幼儿自由探索的过程中，教师没有过多干预，而是让幼儿亲自去尝试、去体验，遇到问题想办法先自己解决。

我所思

理发店游戏一直很吸引孩子们的注意力，老师、孩子也一直关注这个游戏。多多在班级里是能力较强的孩子，游戏中多多和童童所做的事情不过是理发店里的常规行为，但是她们两人能坚持较长的时间，不为旁边走动的其他人员所影响。在整个过程中，两人始终配合默契，有始有终，有对话，有坚持，遇到问题也能想办法克服，这是游戏中难能可贵的。角色游戏能促进孩子很多能力的发展，很明显，理发店的游戏中社会交往能力最能被体现。此外，孩子初步的审美能力也隐含在其中了。

在游戏中，老师以旁观者的身份看着孩子们游戏，而孩子在游戏中，始终配合默契。理发师多多能够很认真地坚持完成锡纸烫的一系列动作，而顾客童童也能够努力地做好一名顾客，通过此次游戏提高了独立意识。

在游戏中，可让孩子们结合自己真实的社会生活经验和实践，将生活中学到的知识运用到游戏中来。通过游戏，提高孩子们的交往能力以及良好的合作意识。

中国人民大学幼儿园　朱　莉

理发师多多

游戏主体：多多、童童
游戏精彩回放与聚焦点：以物代物

我看见

理发师多多把顾客童童头发上的烫发夹一个一个仔细地摘掉，童童则坐在椅子上翻看着图书，一边看一边跟多多说："我刚才看到这了。"多多回应了下说："什么？"童童指着书说："看到这了。"多多看了一眼继续干活。

多多仔细地将烫发夹从顾客头上摘掉

多多帮顾客摘掉头发上面的卷发棒

多多给顾客吹头发

摘完后，多多笑着说："行了，过来，出来。"见童童还在看书没有反应，多多有点不耐烦地说："出来呀你。"童童起身离开烫发区，多多笑嘻嘻地说："走了。"童童将书放回书架，多多扶着童童来到了理发区，多多说："坐下。"随后就将童童摁在了椅子上，并将她头上的锡纸烫一个一个轻轻地摘下来。

多多将烫发卷和锡纸收起来后，又拿来了吹风机开始给童童吹头发，刚吹没一会，便摁吹风机上的按钮，边按边说："太小了，调大风。"然后开始一只手拿着梳子，一只手拿着吹风机，边吹边梳。梳了几下后，多多拿着吹风机在童童头顶上开始转圈吹，一边吹一边嘴里发出"嗡嗡嗡"的声音，还一边吹一边呵呵呵地笑。童童说："你的吹风机马上就要没电了。"多多说："没有，已经是0了，最小了。"

我看懂

1. 角色意识

多多明确意识到自己扮演的角色是理发师，在活动中能够熟练地为顾客摘掉烫发卷并用吹风机吹干头发,对自己的角色定位很明确。

2. 语言特点

在活动中多多和童童的交流性语言比较多,比如:当童童跟多多说"我刚才看到这了",多多马上会回应说"什么",童童指着书说"看到这了";童童说"你的吹风机马上就要没电了",多多说"没有,已经是0了,最小了"。说明幼儿在活动中喜欢和对方交流。

3. 情感表现

在上述游戏场景中,扮演理发师的幼儿多多对待自己的工作认真负责,对顾客所提的问题也能够积极回应,两名幼儿在活动中积极情绪较多。

我所思

活动中,两名小朋友的交流性语言比较多,喜欢应答。理发师多多在整个活动中表现得轻松自如,能明确自己的工作流程,这也说明幼儿的前期经验很充分,对理发活动并不陌生。所以在进行角色游戏时幼儿的角色意识较强,能根据自己的生活经验进行活动。例如:用吹风机吹头发时用嘴发出"嗡嗡嗡"的声音,并两只手相互配合,边吹边梳,能将角色与行为进行匹配。通过此次活动发现幼儿在观察周围世界的过程中逐步积累经验,形成社会角色,而角色游戏能使幼儿通过扮演角色,在假想的动作、情景和交往中反映他们眼中的世界。现实生活中的日常观察,使幼儿对不同职业的工作内容有了初步的感性体验。因此,积累社会生活经验是进行角色游戏的基础。

中国人民大学幼儿园　朱　莉

购买冰激凌

> 游戏主体:小航、晨晨、菲菲
> 游戏精彩回放与聚焦点:感知理解数量关系、同伴间的互助学习

我看见

菲菲(售货员 A)说:"你要买什么?"小航(顾客 A)看着柜台前张贴的价目表,说:"嗯——冰激凌。"菲菲听了问小航:"你要什么口味的?"小航说:"但是我想要草莓口味的。"果果(售货员 B)低头看看筐里说:"草莓是红的。"小航回答:"好。"说着走近柜台对果果说:"要三个草莓味的。""好,一个十块。"果果一边回答,一边用勺子从玩具筐里挑拣出红色的积塑颗粒装进漏斗型容器。

观察点亮游戏

我们自己设计的价目表

小航又看了一眼价目表说:"一个十元,那我给你五十元。"

说着,从手里握着的一叠钞票中抽出一张五十元的钞票放在了柜台上,一边放一边又说:"你要找我二十。"

晨晨(顾客B)过来,对菲菲(售货员A)说:"冰激凌这么贵,能不能便宜点啊?"说着看了看自己手里的一叠五元钞票说:"这么贵,我没有五十。"菲菲过来,接过晨晨手里的钞票和他一起一张一张地数起手里的钞票,说着:"五、十、十五、二十……"一直数完手里的钞票后说:"一共有五十元。"

晨晨说:"那我也要三个冰激凌。"说着从手里取出二十元,把剩下的钱递给了菲菲。

"一个十元,我给你五十元,你要找我二十"

菲菲接过晨晨手里的钞票和他一起数起来

我看懂

根据《指南》我看到的幼儿的发展特点有如下两方面。

1. 感知理解数量关系

这段购买冰激凌的游戏中,对于幼儿感知理解数、量及数量关系具有积极的作用。扮演售货员和顾客的幼儿都能够借助游戏情景,在购买冰激凌的过程中参与计算和付款,在操作中进行加减运算。小航小朋友根据价目表计算出:"一个十元,我给售货员五十元,售货员要找我二十元。"幼儿在游戏中,进一步理解了数与数之间的关系,并用"加"或"减"的办法来解决游戏中的问题,在角色扮演游戏中感受到数学在生活中的有用。

2. 同伴间的互助学习

在这段游戏场景中,如晨晨刚取钱后看着自己手里的一叠五元钞票说:"这么贵,我没有五十。"显然,他还没有确切掌握自己手中的货币数量,但在菲菲的帮助下,他们两人通过群数、连加的方法,很快数清了晨晨手里的钱。菲菲接过晨晨手里的钞票和他一起数,一直数完手里的钞票后说:"一共有五十元。"游戏中这样的同伴互助行为将游戏顺利推进下去,同时对于促进幼儿相互间的学习起到积极的促进作用。

我所思

在角色游戏中可以通过为幼儿提供不同面值的货币,与幼儿一起制作价目表,创设符合生活情境的购物游戏。引导幼儿在游戏中运用自己所学的数学知识,不仅有助于幼儿更加轻松、自主地进行数学知识的学习,同时更有助于帮助幼儿感受数学在生活中的有用和有趣,激发幼儿对数学学习的兴趣。

北京市朝阳区安华里第二幼儿园　马歆乐

制作各种口味的冰激凌

游戏主体:菲菲、浩浩、玥玥、欣欣
游戏精彩回放与聚焦点:游戏中的以物代物、思维发展

我看见

我们在小超市中投放了一些彩色颗粒插塑玩具,鼓励孩子根据游戏需要使用。

"小超市"中投放的材料

菲菲(售货员 A)找来另一个货架上的牛奶箱递给玥玥(售货员 B)说:"这是冰激凌机。"玥玥接过箱子平放在货架上,菲菲看到后,把箱子竖着放在架子上。浩浩(顾客 A)看着一旁的玥玥正往一个漏斗形状容器里装彩色颗粒插塑玩具当作冰激凌,便对她说:"你不戴手套吗?"玥玥说:"哪有手套呀?""那就假装吧。"浩浩说。玥玥两手相互比划了一下假装戴上手套,然后将装满颗粒插塑的"冰激凌"递给浩浩。

观察点亮游戏

玥玥两手相互比划了一下假装戴上手套

售货员将做好的冰激凌递给顾客

浩浩走后,欣欣(顾客 B)对售货员说:"我想买一个冰激凌。"

菲菲找到棕色的积塑说:"这个能当车厘子。"

玥玥在冰激凌机前动手做起冰激凌来。

菲菲凑过来问欣欣:"你要橙子味的吗?"

欣欣犹豫着说:"来一点吧。"

玥玥听到后,从玩具筐里找出橙黄色的彩色积塑,放到漏斗形容器的冰激凌碗里。菲菲又问:"要香蕉味的吗?"

欣欣说:"可以吧。"菲菲和玥玥快速地从筐里找出黄色的积塑颗粒,放入容器中。

这时欣欣又想了想说:"再给我来点车厘子。"

玥玥听了,在筐里翻找起来,菲菲拿起一个棕色的积塑说:"这个能当车厘子。"说着将积塑放到容器里,用它来当作车厘子冰激凌。

我看懂

1. 以物代物

在这个游戏场景中,幼儿进行的以物代物是用当前物体(纸箱和彩色颗粒积塑玩具)代替不在眼前的或想象中的物体(冰激凌机和冰激凌)的游戏过程。从孩子的游戏中可以看到大班幼儿已经不在乎代替物的形象是否逼真,他们对"物"的逼真性的依赖降低,因此,找到棕色的积塑当作车厘子,用黄色和橙色的积塑当作香蕉和橙子口味的冰激凌。

2. 思维发展

幼儿在角色游戏开展的过程中,通过低结构材料的使用,一方面通过对游戏材料的创造性使用解决问题,有助于丰富游戏的情节和内容。另一方面,在解决问题的过程中,也表明幼儿的思维已摆脱了具体事物的束缚而进入到了表征思维的发展。

我所思

在游戏中,大班幼儿能够主动地根据游戏情节的需要,寻找一些替代材料进行以物代物的想象游戏,角色游戏的开展离不开对游戏材料和物体的假想,"以物代物"有助于促进幼儿的想象与创造。我们可以在大班的角色游戏中投放更多的低结构材料,鼓励幼儿根据自己的游戏需要和想象对这些玩具材料进行创造性的替代使用。

北京市朝阳区安华里第二幼儿园　马歆乐

给病人输液

游戏主体:"大夫"幼儿、"病人"教师
游戏精彩回放与聚焦点:角色意识与角色行为

我看见

在医院游戏中,负责综合科的"大夫"穿着白色大褂,戴着听诊器,坐在桌子旁边。因为一直没有病人来,他看起来有点无聊,一边在病历本上写写画画,一边说"可以看病了,可以找我看病了"。这时候老师扮演"病人"在"大夫"面前坐下来,说要看病。

教师扮演病人介入游戏

大夫:"你喉咙有不舒服吗?"
病人:"有一点不舒服。"
大夫:"你有吐吗?"
病人:"有。"
大夫:"那你需要打针,你躺在这里,我给你打针。"说着请病人躺在"病床"上。拿着玩具针筒,在病人胳膊上按了一下,然后说:"有一点疼吧,打针也稍微疼,我是医生。"

病人:"大夫打针前是不是还得用棉签消毒呀?"

"大夫"摸着头笑笑说:"忘了,忘了。"

大夫给病人打针

打完针后"大夫"又说:"你这个还需要输液,你先别起来。"接着拿过一个木制的玩具输液架,把输液瓶的"针头"放在"病人"胳膊上。

病人:"大夫,这个是不是得需要胶布固定呀?"

大夫:"哦,对。"然后从别的地方拿来了胶带,但是一直固定不上。"体检医生"看到后,帮忙摁住"针头","大夫"用一段透明胶带将"针头"固定好。弄完后,"大夫"离开了。

过了一会,病人说:"大夫,我觉得可以啦。"

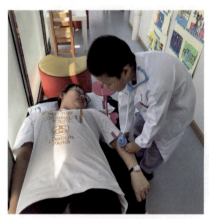 

大夫给病人挂吊瓶　　　　游戏中用到的玩具吊瓶

"大夫"跑过来看了一眼输液器说:"哦,流光了流光了。"然后起身直接把针头拔掉。

病人:"大夫,是不是得用棉签按一下,要不怎么止血呢?"

"大夫"这才拿来了棉签,说:"我拿棉签给你按一下,这次会有点疼,疼吗现在?还流血呢,扎针当然是会流血的。"

我看懂

1. 角色意识

在上面的装扮游戏中，幼儿有比较清晰的角色意识，能准确地理解自己扮演的角色，游戏中的语言、表情、动作都符合角色的要求。例如，幼儿会询问病人的病情，并说："有一点疼吧，打针也稍微疼，我是医生。"

2. 角色行为

幼儿能围绕游戏的主题，根据自己所扮演的角色进行活动。例如，有给病人打针、挂吊瓶等与角色相符的动作。但是游戏中幼儿对角色的社会职责了解不够充分，在游戏中缺少大胆想象和创造性地表现角色的游戏行为。

我所思

在游戏中还可以看出，幼儿虽然具有一定的角色意识，但是角色职责还不够清晰。例如，"大夫"对如何给病人打针、挂吊瓶等经验不足，而社会生活经验是幼儿开展装扮游戏的基础，教师需要帮助幼儿丰富和扩展游戏所需要的经验。可以在游戏总结和评价阶段向幼儿提出问题，让幼儿讨论如何去给病人打针或者挂吊瓶，也可以鼓励幼儿在生活中仔细观察，进一步丰富幼儿的游戏经验。当幼儿的游戏无法进行下去的时候，教师可以适当地介入游戏，以角色身份指导幼儿，帮助幼儿更好地确定角色意识、丰富游戏内容、拓展游戏情节。案例中当教师看到幼儿无事可做、游戏没法开展时，主动扮演"病人"，通过与幼儿平行游戏的方式介入游戏，并且通过提问帮助幼儿扩展游戏情节。

北京市朝阳区安华里第二幼儿园　李晓莉

制作价格清单

游戏主体：美美、悠悠
游戏精彩回放与聚焦点：专注、坚持性、学习热情

我看见

在装扮区，美美和悠悠主动为超市的甜品店制作价格清单。她们一边讨论着，一边用笔把需要卖的甜品画出来，并商量着制定价格。

画完豆沙包后，美美说："再画个甜甜圈。"说着用黑色的笔画了一个大的圆圈，然后又在大圆里面画了一个小圆，边画边用笔在同心圆外圈画了很多黑点，并说"甜甜圈有点点"。画完后美美开心地问悠悠："几元钱啊，这个肯定很贵。"悠悠思考了一下，右手比出一个八，说"8元"。美美开心地点点头，在表格中认真写了数字"8"，写完后把清单交给悠悠说："来，你

观察点亮游戏

美美和悠悠在商量制作价格清单

来写元。"悠悠俯身趴在桌子上,在"8"后面写了汉字"元"。

写完后,美美兴奋地说:"还有一个巧克力,我画一个方框,然后画几个横杠就可以了。"但是悠悠说想画冰激凌,然后在纸上画了一个三角形,并涂黑,在下面画了另一个三角形表示甜筒。悠悠画完,美美接过笔说:"冰激凌肯定很贵。"悠悠想了一下说:"10元。"美美立刻赞成说:"好!"随后在纸上写下了数字10,然后把清单递给悠悠,请她写上"元"字。

这期间售货员有点着急地催道:"美美你们快点,我们该营业了。"写到清单的最后一格,美美和悠悠实在想不出还能写哪些甜品,这时售货员建议道:"还可以卖棒棒糖!"美美开心地说:"行,就画棒棒糖。"

就这样,美美和悠悠不断商量着,把剩下的蛋糕、巧克力、棒棒糖等甜品都画了出来,并且定好了价格,最终完成了价格清单。

幼儿制作完成的价格清单

我看懂

1. 专注

在游戏中,美美和悠悠在五分多钟的时间里,通过相互讨论、协商、互相配合,一直专注于甜品店价格清单的制作。

2. 坚持性

游戏中幼儿在没有成人监督的情况下,坚持完成了制作价格清单的任务。虽然面临别的幼儿催促尽快完成的情况,但是两名幼儿始终在按照自己设计的表格,完成10种甜品的价格制定,并用不同的符号将甜品标识出来。

3. 学习热情

游戏中两名幼儿对于符号书写表现出很大的热情,她们画出了圆形的符号表征甜甜圈,用数字符号给食品标价，并且尝试书写汉字"元"作为价格单位。这体现出幼儿对于符号和文字书写的学习热情与学习技能。

我所思

大班幼儿抽象逻辑思维不断发展，对符号和文字书写表现出很大的兴趣和学习热情，幼儿开始用不同的符号来表征物体，并且用文字或者数字来标识这些物体，如游戏中两名幼儿开始用规范的书面数学符号表征物品的价格。因此在角色游戏中，教师要为幼儿提供不同的书写材料，支持幼儿的书写行为和书写热情；同时在日常教育活动中引导幼儿理解数字的不同用途，帮助幼儿掌握数概念，促进幼儿思维向更高的抽象水平发展。

北京市朝阳区安华里第二幼儿园　李晓莉

彩虹披萨店

游戏主体：4名幼儿

游戏精彩回放与聚焦点：角色意识、语言特点、情感表现

我看见

游戏开始，幼儿A、幼儿B扮演"服务员"，幼儿C和幼儿D扮演"顾客"。幼儿A很快就胜任了服务员的角色，她请顾客坐下说："亲爱的顾客您好，请你们先去表演区看一会表演，或者玩翻绳、玩会儿手头玩具。因为暂时只有我一个服务员，只能先服务这桌的顾客。"幼儿C说："你刚才不是说先服务我们这桌的吗？"幼儿A说着什么，幼儿D接着说："你本来刚才就说了。"这时幼儿B站在一旁看着。幼儿C说："对啊，本来就先按着顺序，哪能倒着2、1啊，2、1，其他的3呢，应该1、2、3、4、5、6、7、8、9、10。"幼儿A听了转身说："你别说了。"走到了2号桌。幼儿C说："那我们就没人服务了啊。"教师说："之前我去吃饭的时候那服务员也忙不过来，她给了我一本菜单先让我看看，想想准备一会儿吃什么。"这时幼儿B在1号桌旁徘徊。幼儿A转身和幼儿B说："店长，请你帮忙服务一下这桌的顾客。"幼儿B转身服务顾客。幼儿C说："给我们拿菜单。"幼儿A说："只有一个菜单。"幼儿D捂脸，幼儿C说："差评。"幼儿C伸手要去拿菜单，但是被幼儿A拿走了菜单，转过身说："你得让着点女生吧。"幼儿C说："那我们呢？"

幼儿B找到了教师问："这桌没有菜单。"教师问："当没有菜单的时候，我们可以做什么呢？"幼儿B说："可以让他们先去看看表演，或者玩玩玩具。"教师点点头。幼儿B说："亲爱的顾客您好，您可以先去玩一会儿手头玩具，或者看看表演。"幼儿C说："不，我们就要点餐。"幼儿D说："因为我们都要饿死了。"幼儿C说："对，我们都要饿死了。"幼儿B又找到了教师跟教师说："他们不想看表演。"教师说："那不想看表演，还可以怎样做？"当幼儿C听到

观察点亮游戏

招待顾客

教师的话直接说："可以先给我们上一点甜点。"教师说："你听顾客说什么？"幼儿 B 看着我。教师接着说："顾客请再说一遍。"幼儿 C 说："你给我们先上点小甜点，我们先吃着。"店长转身去了厨房和厨师沟通，顾客摆弄刀叉持续了 38 秒的时间。店长端来了甜点，幼儿 D 说："我们不是要的这种小甜点，是橡皮泥捏的那种小甜点。"

我看懂

1. 聚焦幼儿

（1）角色意识。

扮演"服务员"的幼儿能明确自己的职责，当有顾客需要被服务时她主动与顾客交流，这一行为体现了该幼儿能够表现符合情景的假装或想象行为。

（2）语言特点。

扮演"服务员"的幼儿在与扮演"顾客"的幼儿进行对话时，能够通过生活经验减少"顾客"的等待时间，但"顾客"也能向"服务员"大胆地表达自己的想法。服务员和店长之间没有合作，店长处于被动，而服务员更像是店长，掌控整个大局，店长的社会经验和处理问题能力较薄弱。

（3）情感表现。

在上述游戏场面中，扮演"服务员"的幼儿一直处于积极愉悦的状态，不仅能通过自己的想法用语言进行对话，还能微笑着对扮演"顾客"的小朋友耐心解答。

2. 聚焦教师

在上述游戏中，教师是在第一时间以"参与者"身份介入幼儿的游戏活动中。教师以易被幼儿接受的"顾客"形象出现，通过生活经验迁移来引导幼儿深入地进行装扮游戏。

我所思

聚焦幼儿观察所得：以幼儿日常生活场景为舞台，以他们熟悉的材料来进行角色表演，加上教师的适宜提问，更好地促进幼儿进入角色体验，使装扮游戏水平符合该年龄段幼儿的身心发展特点。使他们在"问题"中思索，在解决"问题"的过程中一步步成长，在这一过程中学会开动脑筋、多想办法。

聚焦教师观察所得：教师以"顾客"身份来直接介入游戏，在游戏过程中用生活经验迁移的方法深化幼儿在装扮游戏中的角色意识，调动幼儿已有的知识和生活经验，能更好地促进幼儿想象力的发展。

中国人民大学幼儿园　李　玥

照 相 馆

> 游戏主体：扮演男照相师、女顾客的幼儿
> 游戏精彩回放与聚焦点：角色意识、语言特点、情感表现

我看见

换好服装准备照相啦！照相师（男孩）准备给客人照相，用手端着相机："你能稍微远点吗？远点，往后远点。"客人（女孩）没有动，照相师抬起头往后退了几步。端起相机看着镜头，按下快门。

"好了，你看看怎么样？"照相师慢慢地走到客人面前说。他摆弄着相机，说："你看拍的，你弯腰了。"照相师、客人都面带微笑。照相师又问："你拍了几张啊？"客人微微一笑，手在胸前转了几圈。照相师问："一张吗？"客人的眼睛向上左右看了看照相师说："四套衣服。"这时，照相师帮着客人把门打开说："肯定是四张吧！四张吧！"两人一起走进活动室。

找角度拍照

同伴间商量

走进屋后照相师询问:"你还想换什么服装?"客人马上脱下服装,照相师接过头饰一一放回原处。照相师说:"你可别穿男的啦,你可别穿男的啦!"照相师收好饰品起身走到服装架处,客人开始拽袖子、脱裙子,照相师站在她的旁边说:"你快脱啊,给你换另一件。"客人使劲脱袖子,照相师开始摆弄手上的相机。客人的表情开始表现出很痛苦,不过终于脱下来了。照相师接过服装放在衣服架上,开始帮助客人换新衣服。

帮助换服装

我看懂

1. 角色意识

幼儿角色分配分明,会利用礼貌语言进行交流。照相师会有礼貌地询问客人的需求,客人则听从照相师的建议。幼儿在楼道场景中,无论做什么都在围绕照相馆这个环节进行活动。

2. 语言特点

两名幼儿的语言很简单,有些语言利用动作代表,如在胸前画个圈圈。大班幼儿的语言交往能力强,具有一定的词汇量,但根据一段时间的观察和思考,发现大班孩子的语言交往能力发展不均衡。

幼儿出现了语言重复,一方很热情地进行沟通,另一方用非语言的方式表达自己的想法。教师应鼓励幼儿多参与各种社会角色,这样才能促进合作。语言环境有助于培养幼儿的语言交往能力,为将来更好适应社会打下基础。

3. 情感表现

两名幼儿很和谐,能面带微笑询问自己不理解的事情,无消极情绪。

我所思

通过活动中幼儿运用文明语言相互交流,能看出幼儿平时与他人交谈的习惯。扮演客人的幼儿在游戏中利用动作表达自己的情绪情感,这给老师一个启示:幼儿表达自己的想法时,要给予其充分的时间,可以反复与幼儿交流,鼓励其愿意和他人交流。

幼儿社会领域的学习与发展过程是其社会性不断完善,并奠定健全人格基础的过程。人际交往和社会适应是幼儿社会学习的主要内容,也是其社会性发展的基本途径。幼儿在与成人和同伴交往的过程中,不仅学习如何与人友好相处,也在学习如何看待自己、对待他人,不断发展适应社会生活的能力。

中国人民大学幼儿园　赵润婷

剪 纸 小 课 堂

游戏主体:幼儿A、幼儿B、幼儿C
游戏精彩回放与聚焦点:角色意识、语言特点、情感表现

我看见

　　游戏开始了,幼儿A扮演老师,幼儿B和幼儿C扮演学生。
　　幼儿A站在黑板前,手里拿着剪刀和纸,看了一下别处,耸了耸肩说:"小朋友们,今天我们来上一个课,我们需要来……"这时幼儿B和幼儿C坐在课桌前注视幼儿A,幼儿B还没等幼儿A说完就插了一句说:"是一节课,不是一个课。"幼儿A听到后看了一下别处立马说:"一节课,我们来做一个灯笼。"说完将手里的纸发给坐着的幼儿B和幼儿C,这时课桌上已经放好了剪刀。幼儿B看着幼儿A说:"我想要黄色的。"幼儿A发完纸后严厉地说:"发到哪张纸就是哪张纸。"说完转身将纸放到架子上,回来后边放剪刀边轻声说:"我们先把剪刀放一边。"然后拿起纸,边将纸对折边说:"我们先将纸对折,要角对角,边对边。"另外两位小朋友也跟着做,在桌子上将纸对折。折完后幼儿C问:"老师,是这样吗?"幼儿A看着幼儿C的作品说:"对,是的。"接着又说:"你们看,是不是有一个开口的边,有一个闭口的边?"其他两位小朋友看了看自己手中的作品说:"对呀。"

幼儿A示范如何剪纸

幼儿A拿起剪刀面对小朋友,边比划边说:"我们用剪刀把闭上口的那边剪开,你看就像我这样。"说完用剪刀剪纸,另两位小朋友看着幼儿A剪纸并拿起剪刀开始剪。幼儿A边剪边说:"剪得细一点啊。"幼儿C问:"不要剪到头是吗?"幼儿A点着头说:"对对,不要剪到头。"幼儿A剪了一会儿后又看了看两位小朋友的作品剪得如何。幼儿B刚剪一条就举手说:"老师我剪出来了一道。"幼儿A趴到课桌上凑近幼儿B看了一眼她的作品说:"没关系,接着剪,后面的小心一点。"三个人继续剪纸,幼儿C说:"都要剪了?"幼儿B说:"这是制作灯笼的第一步对吧?"幼儿A说:"如果有问题的话举手啊。"这时幼儿C已经完成一大半,幼儿B的动作有点慢,幼儿A也马上剪完。

幼儿A提醒拿剪刀小心

幼儿B拿着剪刀看向别处,幼儿A看到后凑近幼儿B说:"小心一点。"幼儿C剪完纸放下剪刀说:"老师,我剪完了。"幼儿A这时看了看幼儿B说:"我们等一会儿没完成的小朋友。"幼儿C拿着自己的作品左看右看,幼儿A和幼儿B继续剪纸,不一会儿,幼儿B和幼儿C聊起天来。幼儿B边剪边说:"我今天放学去金源玩。"幼儿C扭过身子对幼儿B说:"我中午接……"幼儿A边剪边提醒她们说:"别聊不关于课的事。"幼儿A见两位小朋友不听她的,放下剪刀拍着桌子大声说:"别聊不关于课的事。"两位小朋友看见幼儿A好像生气了,扭过身子坐好,幼儿B继续剪纸。幼儿A问:"大家都做好了吗?"幼儿B边剪边摇摇头说:"没有。"

我看懂

1. 角色意识

扮演老师的幼儿明确意识到自己扮演的角色,知道上课前要做一些关于课程内容的介绍,这一行为体现了该幼儿能够表现出符合情景的假装或想象行为。

2. 语言特点

扮演老师的幼儿在与扮演学生的幼儿在对话中能够说出角色语言,如"今天我们来上一节课,我们来做一个灯笼""我们先把剪刀放一边""老师,是这样吗?""如果有问题的话举手啊"。

3. 情感表现

在上述游戏场景中,扮演老师的幼儿一直处于积极愉悦的状态,不仅能说出角色的语言,而且每次和扮演学生的幼儿对话时都是注视着她们,还会关心她们使用剪刀时注意安全,当她们上课聊天时,会以老师的身份去提醒。

我所思

在上述游戏活动场景中,教师以旁观者的身份观察幼儿游戏。幼儿的交往能力是在持续的实践活动中发展与提高的,根据《指南》中提出的教师要积极参与到游戏中,在此次社会角色扮演游戏中,教师的身份主要是引导者和参与者。适当的时候教师应介入幼儿的活动,从活动中发现每个幼儿都是独特的个体,他们探索世界、认识世界的方式各不相同,这就决定了我们必须因时、因地扮演不同的角色来与之互动。教师只有真正了解每个孩子的个性特点和兴趣需要,有的放矢地实施教育,才能切实提高教育的实效。

中国人民大学幼儿园　解丹丹

买卖衣服

游戏主体:扮演客人、店员的幼儿

游戏精彩回放与聚焦点:核心价值"以人代人"

我看见

"客人"走进衣服店说:"我还要买东西。""店员"面对"客人"问:"请问你们要买什么呢?"

"客人"弯腰看向挂着首饰的货架,伸手从货架上拿下一条手链递给"店员"说:"我要这个。"

"店员"转身走向收银台,把手链拿去称重,用手指了指收银机的按钮。

"客人"走到收银台前面,说:"我问你,几块钱呀?"

店员给客人钱

"店员"说："啊，你忘带信用卡啦。"说完，急忙转身跑向衣服店的桌子那拿回了信用卡，将卡插到收银机里，又急忙打开抽屉拿钱。拿了几张钱以后，直接塞到"客人"的胳膊里。又拿了一张给客人，"客人"说："我不需要钱。"

"客人"边说边把胳膊上的钱往里推，突然钱掉在了地上，"客人"随机将胳膊上的钱都丢在了地上，然后又蹲在地上捡钱。这时，有第二个"客人"拿着发夹来到收银台结账，"收银员"又拿了几张钱给了"客人"。

店员给第二个客人钱

老师问："赵赵，为什么谁买衣服你都要给钱呢？"

"店员"赵赵说："因为我看是那么卖的，他们拿卡一刷，然后呢，这卡里藏着钱，所以我要还给他一些钱呀，我看爸爸给我买东西就是这么买的呀。"说完以后转身回到了收银台那。

我看懂

游戏中，"客人"对"店员"说："我还要买东西。""店员"面对"客人"问："请问你们要买什么呢？"通过幼儿间买卖物品的对话可以看出，他们的扮演符合店员的身份（在购买物品没有付款之前的对话）。

"店员"发现"客人"没有现金时，急忙转身跑向"衣服店"的桌子那拿回了信用卡，将卡插到收银机里，又急忙打开抽屉拿钱，拿了几张钱以后，直接塞到客人的胳膊里。第二个客人拿着发夹来到收银台结账，收银员又拿了几张钱给了"客人"。通过"店员"给"客人"拿钱的动作，可以看出不符合角色行为。

"店员"赵赵说："因为我看爸爸买东西时，他们拿卡一刷，然后呢，这卡里藏着钱，所以我要还给他一些钱呀，我看爸爸给我买东西就是这么买的呀。""店员"的角色行为"拿钱给'客人'"是在模仿爸爸的行为。

我所思

"店员"两次拿钱给"店员"，他说爸爸是先把钱放到卡里，然后买物品时就能刷卡了。从孩子的行为和语言发现，赵赵是把爸爸往银行卡充钱和买物品付钱混淆在一起了，是社会经验的不足，可以通过家园共育和集体活动的形式提高幼儿的社会经验。

教师应适当丰富幼儿的加减运算以及理解数量关系的知识。在"店员"给"客人"拿钱的行为中，可以看到"店员"赵赵两次都是随意在抽屉里拿了一些钱给"客人"，没有看也没有数是多少钱，不清楚需要给"客人"多少钱。

中国人民大学幼儿园　刘小翠

建构区

游戏观察与分析

小班

长长的马路

游戏主体：大平、亮亮

游戏精彩回放与聚焦点：建构游戏中表现出的主动学习

我看见

大平与亮亮两位小朋友，用两块弯型积木与长条积木进行拼接与延长。当连接完第三块弯型积木时，亮亮对大平说："就剩最后两块了（弯型积木），你拿一块，我拿一块。"亮亮拼好第四块弯型积木，左手摁在第三、第四块积木上，看着大平把第五块无缝连接在第四块积木上后说："好了，连接上了。"

亮亮与大平正在一起延长拼接积木

亮亮跳起来,边走向积木柜,边自言自语:"还有一块就完成了。"又对大平大声说:"还有一块就完成了!大平!"

一条长方形积木与五个弯形积木拼接成一条蜿蜒的"马路"

接下来,亮亮拿来一块长条积木,准备与第五块弯形的积木连接延长。他右手拿着长条积木,左手压在弯形积木上。

亮亮拿来一块长条积木,准备与第五块弯形的积木连接延长

在连接长条积木时,他挪动了第五块弯型积木,碰歪了第四块积木。于是亮亮坐在地上拿起第三块和第四块弯型积木快速地在空中拼接一下,又同时放下,用第三块异形积木去连接第二块,这个过程又把第一块弯形积木碰歪了。他自言自语:"啊噢,马路怎么坏了。"

亮亮坐在地上拿起第三块和第四块弯型积木快速地在空中拼接一下

他快速地将第一块弯型积木拼到原来位置,再把第二、第三、第四块弯形积木一个一个地连接上,但没有成功。亮亮还试着调转弯形积木的方向,最后除了第一块弯形积木,其他的弯形积木都零零散散地落在"马路"拐弯处。亮亮拿着第二块弯形积木在空中翻转一下后,停顿了两秒钟,放下积木站起身,哼唱着"我们一起学猫叫……"离开了。

我看懂

1. 计划性

活动中亮亮对大平说:"就剩最后两块了(弯型积木),你拿一块,我拿一块。"说明亮亮对积木材料的使用是有计划的。

2. 坚持性

为了将"马路"复原,亮亮共用了37秒,运用无缝对接的拼接技巧8次,旋转积木方向2次,空中翻转1次。体现了亮亮做事的坚持性。

3. 主动探索

为了完成自己预设的目标(将五个弯型积木恢复原来的形状),亮亮能够想出不同的拼接办法尝试去解决问题,说明亮亮具备主动学习和积极探索的学习品质。

我所思

1. 聚焦幼儿

通过亮亮的搭建过程可以看出,他是在尝试复原第一次搭建的弯形马路,但最后没有成功,原因有三点。

(1)没有参照。

亮亮一直在努力还原碰歪前的"马路",但是因为没有可参照的图像,只凭空想象这是有困难的,难以完成。

(2)翻转积木的技巧还没掌握。

四块弯形积木没有完全脱离原来的位置,只要翻转一下个别弯形积木就可以进行对接延长,但亮亮没有运用翻转的技能,说明亮亮的空间翻转思维还没形成。

(3)异形积木延长技能还不熟练。

亮亮做不到将三块以上的弯型积木进行连接,原因是他还没有掌握顺应弯型积木弧度的方向进行拼接、延长的技能。

2. 聚焦教师

《指南》在科学领域中提出了关于提高幼儿探索能力的建议,即通过拍照和图画等方式保留和积累有趣的探索与发现。教师可以用照片保留幼儿拼接、搭建的成品,供幼儿操作时参照。在积木的摆弄中,关注动作对搭建和拼接所产生的影响。也可以将一块积木旋转成不同角度,一一拍照;请幼儿对照照片摆弄实体积木,并与图片方位一致。

中国人民解放军海军机关幼儿园　　王　阳

游　　轮

游戏主体：桓桓、伦伦、小郭、晨晨
游戏精彩回放与聚焦点：建构游戏中的模式和图形组合

我看见

小朋友们使用了一个空心半圆形积木、一个圆柱形积木的排列方式来搭建游轮的栏杆，伦伦指着一块空心半圆说："这个不够了。"

桓桓说："这个怎么啦？"

伦伦再次重复"这个不够"，说完他就转向积木柜。

晨晨正在积木柜前，说道："我们的半圆好像……"

桓桓想了一下，说："我们可以这样，就是空半圆，实心半圆。"说着拿掉一个空心半圆，到积木柜拿了一个实心半圆，回到游轮边摆好，又拿掉一个空心半圆走向积木柜。

桓桓拿掉一个空心半圆换上实心半圆

小郭看到马上也拿了一个实心半圆过来摆好，桓桓又去拿了一个实心半圆并说道："可以这样，空半圆、实心半圆。"

伦伦问："什么叫空半圆、实心半圆？"

桓桓马上走到游轮边，一边说一边用脚在旁边点："空半圆、实心半圆、空半圆、实心半圆。"

"哦，知道了。"伦伦边说边去取积木，但是他又发现了问题，说："空半圆也没多少了。"其他几个小朋友并没有理会他的问题，继续一个空心半圆、一个实心半圆、一个圆柱地摆放积木。

搭了多半圈后，伦伦发现问题："请注意，实心半圆只剩两个了。"

这时桓桓听后站起来看着搭好的部分，晨晨站在积木柜旁边，拿起两块扇形积木拼成一个实心半圆说："可以用这个。"伦伦马上接过来也说："可以这样。"桓桓也过来看到后说："可以。"然后，大家继续搭栏杆。

伦伦用两个扇形积木拼成一个实心半圆

搭到游轮尾部的时候，问题再次出现，大家发现空心半圆不够了，几个小朋友围在积木柜前，寻找着空心半圆，但是好像确实没有了。突然桓桓说："想到啦！空心、实心、实心、空心、实心、实心。"边说还边有节奏地后退走，然而，她的想法并没有得到小朋友的响应，这时她再一次重复"空心、实心、实心……"伦伦看到后说："也可以。"然后大家开始一起调整搭建。

桓桓调整搭建模式为空心-实心-实心

栏杆就快要全部完成的时候，第四次出现问题，伦伦说："实心不够了。""实心真的不够了。"桓桓也发现了这个问题，他趴在积木柜前的地上仔细地搜寻着柜子里的积木。伦伦突然说："噢，我有办法，要有空心，就有实心。"边说边走向积木柜，这时小郭也想到了办法，她快速拿起两个弧形积木和一个小号半圆拼在一起，组合成一个实心半圆，伦伦看到说："对，就是这个。"然后桓桓接过积木回到游轮边将这个组合的实心半圆摆好，成功后伦伦站起来比着胜利的手势说："耶！"

建构区　游戏观察与分析

桓桓用小号半圆和两个弧形积木组合的实心半圆

我看懂

1. 模式

桓桓两次想到将游轮栏杆的搭建进行调整的办法来解决空心半圆积木不够的问题,从最初一个空心、一个圆柱的 ABAB 模式调整为一个空心、一个实心、一个圆柱的 ABCABC 模式,再到一个空心、两个实心、一个圆柱的 ABBCABBC 模式来排列。在这个过程中,她不仅通过实际摆弄积木来进行模式的搭建,更精彩的是摆脱实物通过自己的肢体动作来形象地表现这个模式,充分体现出她从具象思维到抽象思维的飞跃发展。

2. 图形组合的数学经验

当实心半圆不够用的时候,幼儿又分别想到了用两块扇形积木、两块短弧型积木、一块小半圆积木组合的方法拼成实心半圆来解决。这两种解决的办法都能够说明他们已经很好地掌握了图形组合的概念,理解图形组合的替代关系,并能够很好地迁移到游戏中。

我所思

通过今天的搭建活动,能够看出桓桓小朋友抽象思维的发展与她平时在建构区中积累的对实心半圆与空心半圆的搭建经验密切相关。

在今天的活动中,幼儿积极主动探索解决问题不光受自身游戏水平的影响,也受到游戏材料的影响。由于所需要的材料不足,促使幼儿一直处于问题解决以及对于积木材料的探究过程中,如果教师提供的材料过多,那么孩子们的探究过程、解决问题的过程就都不会出现。因此,在建构活动中,投放适宜数量与层次性的材料也能够促进幼儿主动学习能力的发展。

中国人民解放军海军机关幼儿园　陈冬芳

观察点亮游戏

高架桥

游戏主体：涵涵、欣欣、嘉怡
游戏精彩回放与聚焦点：建构游戏中物体的平衡和材料的组合

我看见

涵涵在搭好"停车场"后，以"停车场"为出发点，搭起一座高架桥。他用高圆柱积木作"桥墩"，用长条积木作"桥面"，当他把长条积木放在"桥墩"上时，手一松发现倾倒了，于是就向左、向右移动了四次圆柱形积木的位置，让"桥面"保持平衡。接着用同样的方法搭好了第二个"桥面"。

涵涵在探索物体的平衡支点

当搭到第三个"桥面"时，涵涵发现没有相似高度的圆柱形积木用以搭建"桥墩"时，就用易拉罐代替，但是通过比较发现易拉罐的高度支撑不到桥面。这时，嘉怡拿起手中的矮圆柱形积木放在易拉罐上，旁边的欣欣说："那么高啊！"

欣欣和嘉怡进行材料组合来满足自己需要的高度

涵涵取下圆柱形积木，放上自己手中的一块方形积木，转身又找来了两块方形积木递给了欣欣一块，两人你搭一块，我搭一块，一起笑着搭好了"桥墩"。

涵涵和欣欣改变积木形状进行材料组合

涵涵双手扶着桥面小心翼翼地做着平式连接，欣欣一只手扶着"桥墩"，另一只手时不时比划着涵涵的操作。涵涵微微松开了手，发现了桥面微微倾斜，说道："不平呀？""你松手试试，先试试看。"欣欣回应着涵涵并把扶着的"桥墩"轻轻地移动了点距离，桥面平稳后两人笑了。

涵涵和欣欣合作搭好桥面

我看懂

1. 探索物体的平衡

涵涵通过四次左右移动"桥墩"位置，初步感受到物体的平衡，通过不断尝试体验到支点移动与物体保持平衡的关系。

2. 建构材料的组合

当用于搭建"桥墩"的高圆柱形积木不够时，两名幼儿能够通过易拉罐和小方块积木的组合满足自己的需要，让桥的高度与原先的保持平衡。

我所思

本次建构游戏可看出,涵涵根据自己的搭建意图有目的地搭建出生活中的建筑物"高架桥"。在反复的尝试、操作积木的过程中,幼儿可以通过直接操作来获得保持建筑物稳定的方法和经验。直接经验是幼儿学习的重要方式之一,当幼儿实地动手操作了,一些抽象的概念便转化为具体的感知经验。

通过本次建构游戏,可看出欣欣、涵涵、嘉怡发现原本固定的积木并不能满足所搭桥墩高度的需要。因此,他们借助了与生活息息相关的易拉罐进行材料的组合。通过这一点,教师在投放材料时不应该只局限于固定的建构材料,如积木,而更应把目光投放到幼儿生活中去,如投放各种废纸盒、饮料瓶、泡沫、挂历等。这些材料才能真正促进幼儿开放性、自主性、创造性思维的发展。

中国人民解放军海军机关幼儿园　　陈　见

动 物 博 物 馆

游戏主体:安安、锚锚
游戏精彩回放与聚焦点:建构区游戏中的对称关系和架空

我看见

安安和锚锚在简短商量后马上投入搭建当中。刚开始,安安用 11 个长条积木和若干长短不一的小方木块,搭建隔断式镂空围墙。锚锚好像并没有进入状态,只是在横条上目测等距的位置,摆放黄色的纸杯,同时默默地观察安安的搭建活动。安安一边搭一边说:"我们今天是要盖一个对称的博物馆吧!地基不够啊,需要用小木块拼一个,你看我用四个小木块可以变成一个地基。"

安安用四个小木块组合成一个桥墩基座

安安说:"这里要拐弯了,然后和对面的积木要保持一样的。"锚锚说:"对啊,这里应该横着的。"说着将一个长条积木横着摆放并不时地回头和右侧的建筑进行对比。安安说:"怎么办,小方块和大方块都没有,咱们只有小圆柱了,一个不能撑住大积木,咱们用两个并排来做地基。你看看高度是不是一样啊?"

锚锚将长条积木横放

锚锚在安安摆放好两个圆柱地基后,便把这一个横着的积木摆放好。安安和锚锚相互配合依照预先的设计,安安摆放地基,锚锚摆放长条积木,很快一个"工"字形的建筑出现了。

最后呈现工字型对称建筑体

我看懂

1. 对称

作为中班后半学期的幼儿,安安和锚锚已经具有一定的计划能力,并在实施搭建的过程中有强烈的目标意识。在搭建过程中,安安和锚锚对于建筑的对称关系掌握得非常好,通过对比和目测保持着建筑的对称性,"工"字形对称的建筑展示出两名幼儿有很好的空间思维能力。

2. 架空

"工"字形建筑从一开始就是架空的,架空的同时保持着建筑规律的延伸走向。在缺少地基积木时,安安可以用四个小方块,或者两个圆柱体分别拼装代替,并且和锚锚有很好的配合互动,使得架空围墙很顺利地完成。

3. 关联经验

游戏过程中,安安和锚锚出现了言语和行为上的互动,有初步的合作意识。对辅材(纸杯)的使用也有一定的章法,关注到了纸杯间隔的等距离。

我所思

1. 聚焦幼儿观察所得

安安和锚锚对搭建活动本身非常感兴趣,每周会有三次选择建构区进行区域活动,在反复观察与接触积木后,对积木的形状、质量、体积、大小等概念有了一定的感性积累。通过活动区分享活动,使得两位小朋友每次活动后有机会反思自己的作品哪里好,哪里需要改进,这形成了他们搭建活动中的目标意识和计划性。本次搭建,幼儿综合运用了排列、组合、架空等建构技能开展建构活动。在重复和延长的基础上,出现了架空和围拢,并对这两种搭建结构能进行适时分析和变式。

因为前期班级开展了风筝的主题,所以孩子们对于"对称"这一概念非常熟悉,并感受到"对称"艺术带来的美感。此次搭建作品呈现"工"字形对称,安安和锚锚始终目标意识强,紧扣"动物博物馆"这一主题,搭建作品完整、呈现对称性、出现规则围合。从简单的围拢式围墙发展到立柱式围墙,利用拼装整合小积木来完成立柱的搭建,克服了立柱不够的困难,再利用辅材支撑镂空兼顾了美观和造型需要。两名幼儿有计划、有合作,有初步的空间规划能力。在积木的使用上,能感知倍数关系,能感知部分和整体的关系。

我发现在建构区的活动中,孩子们会不知不觉将科学、艺术等相关领域的知识技能转化、运用在建构游戏中,多层次、多角度地展现自己的搭建水平。

2. 聚焦教师观察所得

作为教师可以通过其他领域的活动,不断丰富幼儿的感知感受,从而提高孩子们在建构活动中的游戏水平。可以丰富游戏材料,从结构层次到材料数量,给予孩子足够的游戏支撑。

中国人民解放军海军机关幼儿园 筠 莉

搭建车库与高楼大厦

游戏主体:蕊蕊、晴晴
游戏精彩回放与聚焦点:搭建方法——围合、垒高

我看见

蕊蕊和晴晴负责搭建高楼大厦。蕊蕊抱起大约五块等长的长条积木和晴晴一起走到大楼前,蕊蕊先拿起一块长条积木将第三层对齐围合,然后晴晴也拿起一块积木按照第二层的

角度搭建第四层。虽然积木摆上了，但下一步要怎样搭，晴晴似乎不是太清楚。这时蕊蕊也拿起一块等长的积木进行围合，旁边的小朋友说了一句"层层叠加"，蕊蕊顺势边搭边向晴晴讲解："就是一层一层的，二四是一样的，一三是一样的。一三五七一样的，一三五七九一样的，二四六八十一样的。晴晴"哦"了一声，蕊蕊继续说："我们一共搭十层"。晴晴用力地点了点头，说"好"，之后问道："我们现在搭了几层了？"然后数了数已经搭建好的部分："1、2、3、4，四层。"又自言自语："我再去找一些材料。"便起身去寻找材料。

晴晴正在用手点数已经搭建的层数

这时晴晴拿来一块长条积木，通过目测比较，她发现这块积木比正在使用的积木长，她并没有把积木放下而是将它送回，准备再次寻找。

晴晴正在目测比较长条积木的长短

蕊蕊正在进行围合、垒高的搭建

晴晴走回材料柜迟疑要再找些什么材料时,蕊蕊走过去,两人小声交流。蕊蕊说:"得先拿四个一样的,还得要找很多,还有四五六七八九层呢!"晴晴仰头回应道:"哦!好的!"蕊蕊抱着长条积木走向搭建的建筑物,边走边叮嘱正在搜集材料的晴晴:"没有这种的就找那种粗的、大的、扁的就行了,我相信有很多这种的。"然后继续围合、垒高的搭建。晴晴边找材料边回应:"行!没问题!"

我看懂

1. 幼儿具备较高的建构水平

(1)围合。

搭建高楼大厦的1~10层时,孩子们在每一层都是用相同大小的长条积木进行四面围合形成方形。

(2)垒高。

搭建中她们将平面的围合进行连续的叠加垒高,在叠加的过程中,有规律地旋转每一层的角度——一三五七九层是正方形,二四六八十层将正方形旋转近90度,使建筑外观形成新的形式。

2. 幼儿具备良好的数学思维

幼儿能够将二维的平面进行叠加垒高形成三维立体的建筑,在叠高的过程中有规律地旋转相隔层数,使建筑形成新的外形,表明幼儿具备一定的空间方位能力及空间旋转能力。

幼儿能够根据奇偶数(一、三、五、七、九层;二、四、六、八、十层)准确地表达搭建的计划,表明幼儿能够灵活掌握奇数、偶数的概念。

幼儿能够通过目测来对积木体积的大小、长短及薄厚进行判断和搭配,表明幼儿具有丰富的物体间比较的经验。

我所思

在本次搭建活动中,蕊蕊和晴晴能够按照一定的规律叠加垒高建筑,使搭建的高楼有规律地旋转,这说明幼儿的空间方位认知已经从以自身为中心的定向过渡到以客体为中心的定向。他们能够以底下一层的围合为基础,旋转90度后搭建下一层积木,然后再以此类推最终将十层的高楼大厦搭建成功,说明幼儿的空间方位发展水平有了很大的提高。

在搭建中,孩子们能够熟练地使用奇数和偶数的概念进行计划和搭建,在点数后马上知道下一层应该如何搭建。他们能够根据抽象的奇数、偶数去定位和推理,从而顺利地进行下一步的搭建。这充分证明,孩子们的思维发展水平已经具备一定的抽象能力。

《指南》中指出,幼儿的科学学习就是在探究具体事物和解决实际问题中不断培养和形成的。在之后的建构游戏中,我们会鼓励幼儿根据已经掌握的搭建经验,尝试用不同形状和材质的积木进行搭建,不断扩大搭建的规模,使幼儿感受搭建的乐趣。

中国人民解放军海军机关幼儿园　刘　颖

建构区 游戏观察与分析

蜗牛的汽车轨道

游戏主体：鑫鑫、睿睿
游戏精彩回放与聚焦点：距离比较、架高连接、递进关系转换

我看见

　　鑫鑫和睿睿在搭建蜗牛的汽车轨道，之前的轨道高速桥和弯道都很快搭建完毕，当搭最后一个弯道的时候遇到了困难，鑫鑫发现旁边的二层桥挡住了这个弯道的空间。他尝试用长条积木架高继续搭建，但延长空间不够了，需要转弯。睿睿说："这是蜗牛的汽车轨道，要转弯。"鑫鑫说："哦，这样不行。"睿睿拿小弯道积木尝试并说："只能这样。"鑫鑫在确认了小弯道积木后，自己肯定地说："这样行。"睿睿笑着说："你可以走下面。"鑫鑫笑着答："下面就是水了。要转弯才行。"鑫鑫继续用另一个小弯道积木连续搭建转弯，但是搭建不成功，积木倒了两次。他又开始重新调整小弯道积木底下那些支撑用的积木，发现是这些积木摆放不合适，重新比较摆放在小弯道积木底下的积木之间的距离，并说："这样就空了。"睿睿过来说："还需要一个柱子。"并尝试用一个大弯道积木转弯，发现这次就可以了。在反复尝试的过程中，鑫鑫和睿睿先后共重建了四次，每次倒掉，再重新调整底柱位置，分别尝试用了长条、两个小弯道积木拼接、一个大弯道积木转弯的递进式尝试。最终完成桥与地的自然衔接。睿睿说："瞧，这是两条大滑梯路。"

鑫鑫在搭建拐弯时遇到困难

睿睿尝试使用小弯道积木

鑫鑫用圆柱积木支撑桥面

幼儿搭出两条大滑梯路

完成搭建

我看懂

1. 距离比较

幼儿在搭建弯道时发现长条积木不合适,碰倒了旁边的桥,于是用圆柱的底座衡量选定位置,掌握距离的长短。

2. 架高连接

在观察幼儿搭建的过程中,可以发现他们的技能超前发展了。从立体架高的熟练程度可以看出幼儿已经掌握了立体架高连接的要点,在连接时,注意使下面的积木能够支撑上面的积木,让架高起来的积木稳定。

3. 解决问题的能力

幼儿发现长条积木不适合做转弯,尝试用一个小弯道积木转弯未果后,再增加一个小弯道积木转弯则成功了。接下来又发现小弯道积木不能被架高,于是又调换成大弯道积木转弯,解决搭建此处空间距离不合适的问题。表现出幼儿已经具有了一定的逻辑推理能力,并能解决搭建中出现的问题。

我所思

在这次建构区游戏中,幼儿能够主动发现问题,并反复试错。能专注在搭建的过程中,并能想到用不同的材料灵活解决问题。小班幼儿能感知物体的基本方位,理解上下、前后、里外等方位,知识的获得能够促进其建构水平的提高。同时,幼儿搭建过程中有耐心,能围绕自己的目标进行搭建,在搭建的过程中能反复尝试不气馁。

幼儿在游戏中会遇到各种各样的问题,教师应营造开放的游戏环境,促进幼儿养成积极的思维方式,遇到问题要自己寻求解决的办法,提高解决问题的能力。在解决弯道空间不足时,幼儿尝试了不同的积木组合,不断调整,倒了重搭,反复试错,主动用不同的积木调整位置关系,最终完成桥与地面的过渡衔接,体会到了成功的喜悦。

中国人民解放军海军机关幼儿园　罗　灿

地方不够了怎么办

> 游戏主体:果果、悦悦
> 游戏精彩回放与聚焦点:探究能力

我看见

三名幼儿在游戏过程中,萱萱不慎将即将完成的恐龙园碰倒,于是大家决定重新搭房子。果果沿着一个方向开始搭建,悦悦和萱萱则沿着相反的方向搭建。

建构区 游戏观察与分析

幼儿朝不同方向各自搭建

当第一层完成围拢时，悦悦手里拿着两块积木，看了一眼周围，耸耸肩，暂停了游戏，在一旁观看果果游戏。当果果在搭建到第五层时，她拿着积木尝试着到靠墙一侧进行搭建，于是侧身往里走了走，结果发现无法通过。她愣了一会儿，挠挠头，对着悦悦说："这里我进不来，够不到。"

悦悦大声地回答："我刚才就知道了。"

"那再重新搭吧，这个好像有点大，我们搭一个小一点儿的就行了。"

于是两人将房子推倒，开始重新搭建房子。这次在搭建时，两人先共同完成了第一层的围拢，然后再开始搭高，房子的大小比之前的小了很多，与墙的间隔也离得远了一些。

两名幼儿再次搭建

我看懂

游戏中，悦悦发现搭建空间不够时便暂停了游戏，空间感知能力发展相对较好，有初步目测空间的能力；果果则需要多次尝试通过后，才感受到空间不够。此外，在第一次的重建过程中，两人往不同的方向，自己搭建自己的，结果房子高矮不一，形状也不如预期。当两位幼儿在发现这些问题后，能够交流并达成一致：再次搭建一个小一些的房子。在接下来的第二次重建过程中，两人也吸取了第一次"失败"的经验，改为两人合作先完成第一层围拢，再进行搭高。

果果和悦悦能够尝试独立解决问题，愿意探究，并在探究后关注探究的结果。在两次搭建过程中通过对比的方式,积累了物体大小与空间关系的经验。也在实践中发现,两人一起搭建房子,需要双方相互配合,形成了初步的合作意识。

我所思

对于绝大部分小班幼儿来说,尚不具备目测空间的能力,他们的学习方式是直观、具体形象的,需要在真实感知后才能了解和掌握。因此,当幼儿遇到此类问题时,教师引导幼儿的最好方式是给予幼儿自己探索发现的机会。正如本案例中的两位幼儿,通过自己发现问题、一起商量解决问题,在不断的尝试中来积累相关经验。同时,我们也发现,悦悦虽然已初步具备目测空间的能力,但并没有向同伴表达自己的想法,教师则应引导、鼓励幼儿大胆地表达。

此外,幼儿在游戏中遇到空间不足的问题,应考虑调整区域布局,以满足幼儿的游戏需求。

兵器工业机关服务中心幼儿园　高姗姗

和我一起搭房子

> 游戏主体:白白
> 游戏精彩回放与聚焦点:教师的介入

我看见

区域游戏期间,白白在饮水后决定从拼插游戏换成建构游戏,她兴奋地说:"老师!我要给小动物盖个房子,盖个方形的。"我说:"你喜欢方形的房子?那就盖你喜欢的!"

白白在单独搭建房子

我发现她搭建了一会儿之后,便开始站在垫子上看看这边,再看看那边。然后,她默默地盯着一旁美工区里游戏的小朋友,看了好一会儿。接着她又开始在区域里漫无目的地踱来踱去。"老师!老师!"她有些着急地唤我,"怎么没人来建构区呀?没人跟我一起搭房子了呀?""你是不是想有小朋友跟你一起来搭房子?"她赶紧点点头:"是!可是他们都不来。""这个好办,你可以试着去邀请其他小朋友啊,看看有没有愿意一起来搭房子的。"

她看看我,又看看活动室里其他的小朋友,小声地说道:"有没有人想一起搭房子?"她等了一会儿,看没有人回应,就又稍微大了些声音问道:"有没有人来建构区?"结果还是没有人回应,她有些着急了,皱着眉跟我说:"没有人理我呀!""是不是其他小朋友没有听见?你想邀请谁,你去她身边问一问,这么远他们可能都没有听清。"她长叹一口气,说:"好吧。"她穿好鞋,先是走到了美工区里,试探着问了问:"你愿意和我一起搭房子去吗?"等了一会儿,其他小朋友依然沉浸于完成自己的作品,没有人回应。

白白尝试邀请美工区的小朋友

她又等了几秒钟,正准备离开,果果一边折纸一边说:"我想去。不过你要等一下啊。我把这个做完再过去。"晨晨也附和道:"一会儿我也想去。"

白白咧嘴一笑,快速返回了建构区,坐在垫子上,等着那位小朋友过来。她伸着脖子一直盯着,果果刚刚往建构区走来,她就兴奋地喊道:"快来,我们一起搭恐龙园吧?""好啊!""那我们就在这儿搭吧。"

共同游戏中

我看懂

在本案例中，我们可以看到，幼儿有与他人一起活动的愿望，合作意识逐渐加强，能够主动向教师表达自己的需求。白白首先选择"等待同伴"的方式，当发现没有他人参与到游戏当中来时，向教师寻求了帮助。教师及时地给予幼儿回应，并在与幼儿的交流过程中，能够洞悉到幼儿的需求，引导幼儿尝试去大胆地邀请同伴。但一开始白白显然没有理解"怎样邀请"，所以她在建构区里喊着询问他人。所以，教师进一步向幼儿解释可以走近想一起游戏的小朋友身边，发出邀请。此次，白白能够积极地、清楚明确地向他人表达自己的想法。在幼儿邀请的过程中，教师观察到孩子们收到邀请后没有及时给予回应时，没有着急干涉，而是静静地观察孩子们的处理方法，充分给予幼儿自主探索的空间。

我所思

处于小班下半学期的幼儿（4岁左右），正逐渐从平行游戏向合作游戏的方式发生转变。幼儿能够根据自己的需求积极表达自己的想法，在教师引导下发出希望共同游戏的邀请。小班幼儿的年龄特点是喜欢模仿，模仿是幼儿社会学习的重要方式。那么，教师在幼儿无法理解"怎样去做"的时候，相比以"语言引导"，选择亲身示范的方式引导幼儿模仿学习、积累经验，会更加有效。教师要鼓励孩子们大胆尝试，在幼儿面对不同境况时，给予幼儿充分的空间自主解决问题，做好幼儿学习活动中的支持者、合作者、引导者。

兵器工业机关服务中心幼儿园　高姗姗

搭楼房

游戏主体：然然、瑄瑄
游戏精彩回放与聚焦点：比较物体的高矮、发现问题和解决问题

我看见

然然站在刚刚搭好的楼房旁边，看着已经搭好的二层卧室。这时旁边的瑄瑄手里拿着一个小圆柱说："这个小圆柱放到哪里呢？"然然从楼房的一侧转过来，用手将小圆柱往里推了推说："这样就行了。"转身拿来两个大圆柱分别放到二层楼板的两个角上，放稳后又转身拿了两个圆柱放在了另外两个角上看了看。用手拿其中的一个桥形块说："这个卧室的门太

大了，一会还要搭楼板呢！"她把这个桥形块拿起来往下放了放。这时她又发现有两个长方块也很高，便拿起这两个长方块想放到别处，但想了想又放了回去。

然然拿起桥型块往下放了放

然然将胳膊弯曲着放在积木上量了一下高度，发现双层床比四个柱子要高，她俯下身子用手动了动双层床的床腿，试图将床腿搭矮一点解决这个问题。

然然将胳膊弯曲来比较柱子与双层床的高矮

然然动了动双层床的床腿

然然将手里的一个小圆柱往大圆柱上放了放，然后便将小圆柱随便放到了楼板上。

然然将小圆柱放到了大圆柱上

观察点亮游戏

瑄瑄在旁边说:"顶层可以搭一个做饭的地方。"这时然然又拿来两个圆柱放到了其他大圆柱上,嘴里自言自语地说:"这样就可以搭顶层了。"瑄瑄说:"为什么加两个圆柱呀?"然然说:"因为一个太矮了。"然然还用手把一个圆柱和躺在床上的娃娃比了比,表示如果在一个圆柱上搭楼板会压到娃娃的。

在两个大圆柱和双层床之间画了一条线来比较高矮

她转身又拿来两个大圆柱放到了其他两个圆柱上面,看着每两个圆柱叠放在一起的四个高高的柱子,脸上露出了笑容。

然然看着四个高高的柱子

我看懂

1. 比高矮

然然和瑄瑄搭建到第二层卧室时,发现双层床比大圆柱高,铺第三层楼板时会碰到双层床,要增加"楼层"的高,那么然然必须让搭建中的各个部分高矮相等。首先她运用目测,发现不只是双层床比大圆柱高,还有一个桥形块也高。接着她将手臂弯曲以手臂的长度来比较双层床和圆柱的高矮。然后又将小圆柱放在大圆柱上,以两个圆柱重叠起来的高比较双层床的高。最后她用手在双层床和两个大圆柱之间画了一条线,验证到两个大圆柱比双层床高。这充分体现了然然的思维具有抽象性,明确知道物体的高是可以被测量的,也清楚地了解替代物"胳膊"可以作为测量工具。甚至当两个物体不能并列比较时,她能想象出用一条线来比较两个物体的高矮。

2. 发现问题和解决问题

然然发现了"双层床"比一个圆柱高这个问题,她主动思考并动手尝试怎么来解决这个问题。她起初想用降低物体的高度来解决这个问题,即用手动了动床腿并将桥形块往下放了放。

我所思

通过观察建构区的活动,我发现当幼儿在搭建过程中遇到问题时,能够尝试运用降低物体高度的方法来解决问题。虽然没有成功,但并没有放弃,而是采取了相反的策略,即升高物体的高度来解决问题,从这一点可以看出然然具有较强的主动学习意识。

我发现幼儿对同样单个物体比较高矮是没有问题的,但是一个整体与两个组合的高矮比较还是有困难的。幼儿往往是想通过调整一方的高度来和另一方一样高,可是她不知道调整多少,这对于中班幼儿还是有一定的难度。在今后的教学活动中要开展一些有多个物体进行比较高矮的活动,在活动中设计一些通过降低或增高物体的高矮来改变物体高度的内容,从而使幼儿在日常生活中通过感知、体验和操作活动理解数学的抽象关系,并在解决问题的过程中运用所学的数学知识,逐步发展逻辑思维能力。

中国人民解放军海军机关幼儿园　王　红

搭"三角形"的城堡

游戏主体:豆豆、妞妞

游戏精彩回放与聚焦点:幼儿的操作

我看见

豆豆回到建构区对妞妞说:"今天我们搭什么呀?"妞妞回答:"要不我们搭一个三角形的城堡吧!""行。"豆豆转身走向旁边的积木柜,拿起了2块4倍单元积木放在了地垫上,又转身回到积木柜拿起了2块4倍单元积木。与此同时,妞妞拿起了地垫上的2块4倍单元积木摆成了一个角。

妞妞拿起了豆豆手中的一块积木完成了三角形地基的搭建。随后,豆豆和妞妞用每人每次2块4倍单元积木、依次排列的方式进行搭建。用了2分23秒的时间,搭出了三角形。

妞妞说:"你看,我们完成了。"豆豆后退了几步,站在离作品大约20厘米的位置看了看,说:"我觉得这不是三角形的楼房。你看,看上去不是三角形啊!"说完还用手指了指作品。"嗯,是有点不像。""我有一个好办法。"豆豆说着就把积木一块一块取下来,放在了旁边的垫子上。剩下三角形的地基后,他自己看了看,又将三块积木合在一起,变成了一个完整的三角形。

观察点亮游戏

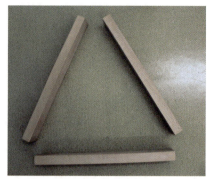

第一次的"三角形"地基　　　　　　初次搭建的"三角形"

豆豆说:"这才是三角形的城堡。"转头对妞妞说:"你去帮我拿几块小积木吧!"妞妞从积木柜中取出4块小积木(半倍单元积木)递给了豆豆。豆豆接过积木,把它放在了三角形的三个角上,他们开始了新一轮的搭建。

7分43秒的时候,他们搭建成了下图的模样。

很多的"三角形"排列起来的楼　　　　　　成品三角形城堡

豆豆说:"嗯,这才是三角形的楼房。"妞妞拉着豆豆的手往后退了三步,"你站在这里看,也是三角形的城堡。"

"我们就叫它三角形城堡吧!这样他们只靠听就能知道我们的城堡是什么样的了。"
"行,我同意。三角形城堡你好啊!"孩子们一边说一边冲所搭建的作品招了招手。

我看懂

1. 空间感知

中班初期的幼儿对"三角形"具有三条边、三个角的形状特征认知非常清晰。在第一次搭建过程中,通过观察屋顶发现并没有形成真正意义上的角时,幼儿能借助二分之一单元积木,将角的两条边——4倍单元积木进行连接,形成真正的角。目标幼儿通过两次搭建三角形城堡的游戏,更好地了解了平面图形与立体图形的转换,进一步发展了空间概念。

2. 形状

案例中的幼儿想搭建的作品其实是三棱柱的城堡。中班幼儿对三角形的概念非常清晰，但对三棱柱的概念是没有前期经验的。他们利用自己对"三角形"的已有经验认知，不断尝试和探索，体验平面图形向立体图形转化的过程，感受平面图形与立体图形的关系，建立图形中的面与三棱柱的面的对应关系。反映出幼儿在游戏过程中，不断发展着形状认知概念。

我所思

对立体图形的认知是大班幼儿才会涉及的，但在游戏过程中是由幼儿自己提出的挑战——搭建三角形（三棱柱）城堡，这对于中班幼儿来说是相当有难度的。由于担心会"超纲"，因此在游戏过程中教师并未给予过多的指导。但是，正是这样的一次经历，教师才深深体会到只有"超纲"的教师，没有"超纲"的幼儿。"超纲"的教师总是希望自己能教会幼儿知识，但是我想，源于真实需要的教育不会有"超纲"。游戏中的幼儿提出了自我挑战，并通过不断的尝试和探索，实现了平面图形到立体图形的转换，使得教师非常震撼，更新了教师的教育观念。幼儿在游戏中的真实需求，应尽量给予鼓励和支持，而不应强加束缚。下一步可在建构区投放"三棱柱"与"三棱锥"两种立体图形，更好地支持幼儿观察和了解，丰富幼儿对平面三角形转化成立体图形的认知。

兵器工业机关服务中心幼儿园　陈　熊

创 意 台 阶

游戏主体：安安、果果
游戏精彩回放与聚焦点：幼儿在游戏中协商、解决问题；坚持性

我看见

"安安，我们要把这些先拆掉，你把这些先收一下吧，然后我去拿一些长方形的积木搭台阶。"

"可以！"很快安安便把积木收拾干净！一个负责传递材料，一个负责搭建，两个小朋友配合得很默契！

"呀，果果，你这样不对，你看，你搭的这个台阶都比这个桥面高了，如果我们要是从这里走的话，就被你搭的台阶挡住了，而且这个台阶还这么短，怎么走呀？"安安焦急地指着果果搭的台阶说道。

"是呀，如果要是不搭这么高的话，这个台阶只有两层，特别矮！"果果很委屈地说道。

安安皱着眉头说："这么高，我们还得爬上去再下来？而且还特别危险，台阶这么短我们万一不小心掉到台阶底下怎么办？不信你看！"说着，安安拿过一个小人玩偶开始尝试起来。

安安对果果搭建的台阶产生争论

果果对照麦钟桥的照片进行调整

只见安安摸摸脑袋:"该怎么办呀?哎,我们去找老师吧,请张老师过来帮我们一起想办法。"

果果并没有回应安安说的话,看了看麦钟桥的照片和玩具材料,拿了5块小的单元积木在地上拼摆尝试。50秒之后,果果起身又拿了4块2倍长方形积木,将之前的5块单元积木替换掉3块,留下来2块,起身又去拿了一个路标指示牌放在了分叉口和人行台阶中间的位置。

"安安,我们可以这样,从下坡下来的时候在这儿放一个路牌,然后从牌子这里开始往下搭台阶,再放一个围栏在台阶上,有左边走的、有右边走的,就不用放那么高了,这样也很安全。"果果手舞足蹈地对安安说。

"可以,这是个好办法!"安安边说边竖起了大拇指。

"安安,你帮我拿4块跟这个一样大的长方形积木和2个细的小长条积木!"果果举起手里的积木对安安说。

"嗯,好的!"在他们共同努力下,"麦钟桥"的创意台阶很快便搭好了。

建好的"麦钟桥的创意台阶"

我看懂

1. 协商、解决问题

《幼儿园教育指导纲要(试行)》中指出:"幼儿与成人、同伴之间的共同生活、交往、探索、游戏等是其社会学习的重要途径。"所以教师应鼓励幼儿在游戏中不仅要相互合作、相互帮助,更要相互学习与进步,从而进一步增强幼儿的交往能力和协商解决问题的能力。

游戏中,幼儿的表现完全符合中班幼儿的学习特点,充分体现了中班幼儿的社会交往能力和协商、解决问题的能力。在搭建中,当果果面对安安的质疑时,果果并没有与其发生争执,也没有放弃,而是认真倾听安安的想法,在了解安安的想法后,大胆地将自己的想法和困难讲述出来与其分享交流,通过协商讨论,最终达成统一意见。

2. 坚持性

从游戏中,当两名小建筑师遇到困难时,没有因为困难而放弃游戏,也没有寻求老师的帮助,而是积极主动地想解决问题的办法。通过自己不断的尝试搭建,终于,"麦钟桥"的创意台阶在两名小建筑师的共同努力下建成!可以看出,幼儿不仅善于思考,而且具有一定的坚持性。坚持性是幼儿学习品质中重要的一点,它影响到幼儿其他方面的学习。所以日常游戏中,我们应给幼儿提供可促进其坚持性发展的环境及材料。

我所思

搭建过程中,当两名幼儿意见不一致时,能够相互协商寻求解决办法,并达成共识,作为幼儿游戏的支持者、引导者,教师应为其提供更多自主解决问题的机会与条件。建构游戏中,幼儿能通过与材料、同伴互动,逐步养成积极主动、认真专注、敢于探究和尝试等良好的学习品质。因此,在幼儿搭建过程中,教师应以引导者、支持者身份认真观察幼儿的搭建过程,时刻捕捉教育契机,鼓励幼儿大胆尝试,并提供自主解决问题的空间与机会,引导幼儿在游戏中发现问题、分析问题、尝试自己解决问题。适时帮助幼儿梳理经验,提升游戏水平,增强自信心,激发参与游戏的积极性、主动性,培养良好的学习品质。

兵器工业机关服务中心幼儿园　张文萌

我们一起玩吧

> 游戏主体:乐乐、菲菲、淘淘
> 游戏精彩回放与聚焦点:合作意识

我看见

"乐乐你快一点,我们还得一起搭桥呢!"菲菲边洗手边对身边的游戏伙伴乐乐发出了邀请。菲菲快速地做完事情,穿好了鞋套,踮起脚尖张望着盥洗室的乐乐。当乐乐洗完手来到建构区时,最后一双鞋套被淘淘穿上了。

菲菲皱了一下眉转过身对淘淘说:"你能跟我一起搭桥吗?"菲菲在建构区里发出了邀请。

"行,我可以和你一起搭桥,不过你得听我的!要不我就不跟你一起玩了。"

"可是老师说过,得一起合作搭桥。"

淘淘摸了摸脑袋说:"好吧!那咱俩一起。"

"那咱们从哪开始搭呀?"菲菲问。

"我想从这开始,因为这离积木柜比较近,拿积木比较方便。"

"好吧!"菲菲说着就走到了离积木柜大约40厘米处的地方。

"菲菲,你能帮我拿一个圆柱吗?我还需要一个圆柱。"

"你自己为什么不去拿?"菲菲说道。

"你没看见我在扶着桥面吗?我不能松手,要不它该倒了。"淘淘说。

淘淘正在扶着搭好的路面

菲菲看了一眼淘淘,发现确实像他说的那样,于是菲菲就拿了一个圆柱递给了淘淘。

"菲菲,你再帮我拿一个圆柱,我要搭一个分叉路口。"淘淘说。

"我也要搭桥,还是你自己拿吧!"菲菲有些不耐烦地说。

菲菲独自搭桥

"那你帮我扶着,我去拿行吗?"

"好,我扶着,你去拿。"菲菲快速走过去,并伸手扶着积木。"我觉得一个不够,得需要两个圆柱,因为它有两个分叉。"菲菲说。

"我正准备拿两个呢!"

"放这!"

"我知道。"

我看懂

幼儿社会领域的学习与发展过程是其社会性不断完善、奠定健全人格基础的过程。人际交往和社会适应是幼儿社会学习的主要内容,幼儿在与同伴交往的过程中不仅在学习如何与人友好相处,也在学习如何看待自己、看待他人。中班阶段幼儿的社会认知能力明显提高,有意行为开始发展,懂得更多的社会规则、行为规范,能关心他人的情感反应,出现初步的关心、同情反应,友好、助人、合作的行为明显提高。

中班幼儿喜欢和同伴一起游戏,并有经常在一起游戏的同伴。案例中菲菲在游戏前能主动邀请同伴共同游戏,但是在游戏过程中处于被动的角色,而淘淘在游戏前虽然处于被动邀请的地位,但是在游戏过程中却扮演着主动游戏的角色。在游戏进行过程中淘淘需要帮助时,菲菲最先是给予积极的回应,但反复几次后,菲菲就出现了被动的回应和语言。当淘淘提出自己的想法后,菲菲通过观察和思考感受到了淘淘确实需要帮助,并给予了帮助。

我所思

幼儿社会性的发展是在社会环境的影响下,在与周围人的交往过程中逐步实现的。可见,环境的影响对幼儿社会性发展的重要性。通过观察两位幼儿的建构游戏,我们不难发现幼儿的自我认知意识的形成和发展在幼儿社会性发展当中有着重要的作用。通过区域游戏我们可以引导幼儿建立正确的自我认知,知道自己与别人不同的兴趣爱好和想法,懂得尊重别人的感受和意见。鼓励幼儿在游戏中积极主动与同伴交往,初步学会轮流、分享、谦让、互助和合作。鼓励、引导幼儿学会简单地评价自己和他人的行为,初步掌握社会行为规范和行为技能,发展对自己、对他人的积极态度,以更好地适应社会生活。

兵器工业机关服务中心幼儿园　王　丹

搭建凉亭顶

游戏主体：睿睿、泽泽

游戏精彩回放与聚焦点：同伴合作、解决问题、坚持性

我看见

"对，把亭顶全盖起来凉亭就大功告成了。"

"但是凉亭顶不是平的，是有一点斜坡的，而且凉亭比地面高。"睿睿一边说一边用手和胳膊做成斜坡状。

睿睿用手和胳膊做成斜坡状

泽泽有些质疑："是吗？"

睿睿特别诚恳地点点头："是真的，昨天我和爷爷一起去凉亭玩发现的，而且凉亭特别长，还很高，这个太矮了。"

"这个好办，我们把2个积木放一起摞高，然后这边再加1个。"泽泽边说边把亭顶拆下来。

"可以！"睿睿边说边拿过来4个圆柱放在了一侧。

泽泽将亭顶再次搭起来，反复放了几次，亭顶都滑了下来。

"张老师，您快来啊！我们遇到了一个问题，现在搭亭顶，但是怎么放都会滑下去。"

"哦？为什么会滑下来呢？你们是怎么操作的？我们认真看睿睿的操作，看一看是怎么从上滑下来的呢？"

睿睿拿起积木将刚才的搭建方法重新操作了一次。

"我知道，张老师。因为两个圆柱之间的距离太宽了，而且它们一边高一边低，所以坡度也特别大。"

"哦，原来两个圆柱之间的距离太宽，而且一边高、一边低，导致坡度太大，所以就会往下

泽泽将2个积木放一起摞高

滑。那我们要怎么调整呢?"

"我知道张老师,这边太高了,应该把这边变得矮一点。不要让它坡度这么大就行了。"泽泽特别激动地说。

"那怎么样才能让它的坡度不这么大呢?"

"换一个比这个矮一点的积木。"

"我们可以不用圆柱,把这个正方形放在最底下就矮了。"泽泽拿过来8块正方形的积木。

泽泽将正方形积木放在最底下

"嗯,这个办法不错哦,我们可以试一试呀!"

第一次尝试,积木滑下来。第二次尝试,积木又滑下来。

虽然两次尝试都失败了,但两个小朋友并没有放弃,当我们要尝试第三次的时候,睿睿忽然特别激动地说:"等一下,张老师,我想到啦!""泽泽,请你递给我4块三角形的空心积木。"只见睿睿将三角形的空心积木斜边朝上,自然形成了有坡度的凉亭顶。在两个小朋友共同合作下,凉亭终于完成啦!

三角形空心积木斜边朝上,形成了有坡度的凉亭顶

我看懂

1. 同伴合作、解决问题

游戏中,幼儿的社会交往能力、同伴间的合作意识及解决问题能力明显提升。《指南》中指出,4~5岁幼儿在活动时,愿意接受同伴的意见和建议。当同伴间意见不一致时,并没有发生争执,而是认真倾听同伴的想法,及时调整凉亭顶部不适宜的部分。

2. 坚持性

在调整亭顶时,虽然两次尝试都失败了,但幼儿并没有因此放弃,而是坚持继续尝试。《纲要》中指出:幼儿园教育应尊重幼儿身心发展的规律和学习特点,引导幼儿在一日生活和游戏活动中,逐步养成积极主动、认真专注、不怕困难、敢于探究和尝试、乐于想象和创造等良好学习品质。由此可见,在幼儿期培养其良好的学习品质非常重要。

我所思

幼儿的建构水平是通过不断操作、探索得到发展的,教师要为幼儿提供探索与操作的时间和空间,鼓励幼儿不断尝试,在尝试、操作中积累经验。

建构活动的核心教育目标是帮助幼儿经历操作、建构和设计的过程,发展幼儿对材料和建筑物之间的空间关系及逻辑联系的理解,培养幼儿的创造性、坚持性等学习品质。《指南》中教育建议部分指出,教师要支持和鼓励幼儿在探究过程中积极动手动脑寻找答案或解决问题。首先,在幼儿搭建过程中,教师应以引导者、支持者身份认真观察幼儿的搭建过程。时刻捕捉教育契机,鼓励幼儿大胆尝试,并提供了自主解决问题的空间与机会,引导幼儿发现游戏中出现问题的原因,继而帮其寻找问题的根源,梳理经验,提升幼儿的游戏水平,增强幼儿的自信心,激发幼儿参与游戏的积极性、主动性。其次,教师要做有心人,利用和创设有利条件,培养幼儿良好的学习品质。

兵器工业机关服务中心幼儿园　张文菊

搭建十号名邸

游戏主体：果果
游戏精彩回放与聚焦点：发现问题、解决问题

我看见

果果在建构区游戏中自主进行"搭建十号名邸"的游戏。果果在踩住椅子将楼顶的立柱搭完以后，发现自己的高度不够高，没办法盖顶了。果果从椅子上下来，又搬起椅子，边走边观察作品的高度。果果走到另一把椅子旁边，并将手里的椅子叠落在椅子上。果果爬上椅子，将手中的积木放在了楼顶的柱子旁边。他将柱形积木推倒在地上，并将自己手中的小扶臂积木小心翼翼地放置好。

果果从椅子上下来后，从旁边积木柜子中拿出了4块4倍单元积木，并将两块分别叠落在一起。小心地将两块积木对齐后看了看旁边的椅子，调整了一下两块积木之间的距离。然后又拿起了旁边的椅子，叠落在搭建好的架子上。

观察十号名邸的高度

将两把椅子摞在一起

观察点亮游戏

将椅子放在两块积木搭建的架子上

我看懂

1. 发现问题、解决问题的能力

目标儿童能自主发现并尝试解决在游戏中所遇到的"自己不够高"的问题。在游戏过程中,目标儿童在尝试盖顶时,发现作品的高度超过自己能力范围内的高度,则能运用自己的原有游戏经验,借助辅助材料——椅子来解决问题。随着游戏不断进行,搭建的作品越来越高。当作品的高度再一次超过自己的能力范围时,幼儿运用自己在建构游戏中的搭建经验——叠罗椅子来增加高度。但是,他很快发现,叠罗的椅子并没有达到自己满意的高度。目标儿童迅速进行调整,并通过目测选择长度与椅子宽度匹配的 4 倍单元积木进行搭建,再一次运用叠罗积木架空椅子的方式来解决问题。

2. 学习品质

在游戏过程中,幼儿发现了自己身高不够高的问题后,目标儿童采用了借助辅助材料、运用自身的搭建经验等方式解决问题,表现出积极主动、认真专注以及敢于探究和尝试的学习品质。

我所思

游戏是幼儿的基本活动,此案例充分体现了"玩中学"的教学理念。《指南》中指出,幼儿的科学学习是在探究具体事物和解决实际问题中,尝试发现事物间的异同和联系的过程。在游戏过程中,以目标幼儿自主发现的问题为教育的契机,教师并未提供直接的帮助和指导,而是通过"留白"的方式——提供给幼儿充分的探索和尝试的时间及机会。"留白"一词,我们更多地用在了环境创设中,其实游戏也需要"留白",教师要通过"游戏留白"给予幼儿更多的探索空间、时间和机会,让幼儿在尝试、探索中自主发现问题、分析问题,并鼓励幼儿利用自己的游戏经验解决问题,让幼儿在游戏中具有更多的自尊、自信、自主的表现。

兵器工业机关服务中心幼儿园　　陈　熊

建构区 游戏观察与分析

搭 北 京 站

游戏主体：小敏、晨晨
游戏精彩回放与聚焦点：幼儿在游戏中发现平衡、重力

我看见

小敏看晨晨正站在椅子上搭建"北京站"，于是她学晨晨的样子也站在了椅子上。

小敏学晨晨站在椅子上

晨晨快速地把2块直角三角形积木整齐地摆放在4倍单元积木上的两边。小敏看了看晨晨，小心翼翼地把她手里的2块直角三角形积木摆放在4倍单元积木的两边。来回摸着2块积木重合的边，并用手确认2块积木是否完全重合。然后她又低下头左右来回看了看2块积木是否重合，在多次确认2块积木重合后才把手放下。

小敏尝试放下4倍单元积木

小敏笑着对着晨晨说:"接下来呢?"晨晨接过小白递过来的4倍单元积木,很快地把它放在了直角三角形积木树立起来的锐角上。小白也递给小敏一块4倍单元积木,她拿着积木久久没有放下。在多次观察确认后,她手持积木两端轻轻地、慢慢地把它放在了直角三角形的锐角上方,手还来回地微调4倍单元积木的位置。

小敏调整4倍单元积木的位置

大约持续了10秒,晨晨对她说道:"你别看啦!"这时她立刻双手举起了还未放下的积木,笑着看着晨晨。停留了6秒钟后她又把4倍单元积木放回到了直角三角形积木上方,并前前后后、左左右右地对手中的积木进行了微调。只听"哗"的一声,双手举着积木等待小敏搭好后再放上去的晨晨,不小心把他刚才搭的积木推倒了。听到这声"哗"后,小敏立刻把手里的积木再一次举了起来,从椅子上跳了下来。

小敏拿起4倍单元积木准备离开

我看懂

1. 平衡

小敏在搭建过程中尝试把4倍单元积木放在2块直角三角形积木的锐角尖上。尝试了很多少次后把积木放上去,但始终没有松开过4倍单元积木。她不确定自己所找到的那个点是否能平稳地支撑起4倍单元积木,怕不稳而导致整个"北京站"坍塌。由于三角形积木的特殊性——两个尖尖的角朝上,接触面积减小,小敏在放置4倍单元积木的时候才会轻轻、慢慢的,不敢松开积木去尝试,说明幼儿对三角形以及支撑物体稳定的概念有一定的认知。

2. 重力

小敏尝试用直角三角形积木作为立柱进行搭建,在这个过程当中她害怕失败,但她在很积极地尝试。尝试4倍单元积木是否能平稳地放在两块直角三角形积木上,哪怕刚开始看到同伴的搭建是成功的。从幼儿搭建的图中可以看出,三角形积木会因为重力和摆放的方向会长边在上,直角冲下。

我所思

幼儿在游戏过程中能充分对三角形积木进行探究,利用已知的三角形积木特性尝试解决问题,并在此过程中不断探索和感知"物体的平衡"以及"重力"等概念。这充分体现了幼儿在游戏过程中发现问题、分析问题、解决问题的能力。

下一步支持策略:让幼儿通过不断的尝试,在建构活动中感知三角形的特性。比如:三角形每个角在重力的作用下的变化,在三角形上加上物体时找到平衡的方法等。

兵器工业机关服务中心幼儿园　佘瑞娜

立 交 桥

游戏主体:大班幼儿

游戏精彩回放与聚焦点:教师的介入

我看见

建构区内有一张幼儿自己设计的搭建计划图,而今天在此游戏的三位小朋友看不明白,于是邀请老师和他们一起搭建。他们将计划图贴在墙上,一边看图一边搭建。

不久后,陆续有其他幼儿主动来到建构区前观察他们的搭建或是直接参与游戏,并开始问问题。

"老师,你们在搭什么呀?"

"我们在搭立交桥!"

"你们看的是什么呀?"

教师与幼儿一起按计划图开始搭建

观察点亮游戏

教师向感兴趣的幼儿介绍搭建计划图

"是搭建计划啊,这样就能一边看图,一边搭了。"

孩子们兴趣很高,于是老师停下来介绍搭建计划图。

根据孩子自己设计的搭建计划图,教师介绍了在搭建中是如何实现图纸效果的。到了该搭建转弯的位置时,教师故意表现得很为难,想请孩子们帮忙在众多积木中寻找合适的形状,并推荐给老师。

幼儿开始合作搭建,老师借机离开。当搭建到一半时幼儿发现后续没有搭建计划了,且老师没有回来与幼儿一起游戏,便开始有幼儿退出,最后只剩两名幼儿还在继续。

教师结合搭建计划介绍搭建中的材料选择经验

幼儿按自己的想法一边商量设计一边搭建

我看懂

1. 聚焦教师

教师利用参与游戏和使用搭建计划图的形式,成功地吸引了幼儿的注意力,激发了幼儿参与的兴趣和热情,且互动过程中起到了示范和引导的作用。最后,能及时退出,将游戏的主动权还给孩子。

教师的介入行为不是盲目的,而是在前期的观察经验基础之上,认真思考后进行的。例如,首先教师介入时的角色定位是参与者、支持者和推动者。其次,教师选择的是隐性指导,达到了引发、深入游戏的目的即可,没有长时间地参与游戏。最后,搭建计划图虽然不是完整的,但正是这样的"不完整"留给了幼儿更多自由创作的空间。

2. 聚焦幼儿

在老师刚开始参与游戏时,幼儿能在一旁注意观察,同时还吸引到经过的其他人。他们能表现出好奇心并做出行动,进入建构区后通过观察能提出自己的问题。后续在与老师共同搭建的过程中明白了计划图与实际搭建之间的关系,体现出理解空间关系的能力。但幼儿在游戏中的坚持性能力不同,最后只有两名幼儿在老师离开后能根据已有经验进行联想和象征性的思考,继续搭建。

我所思

首先在教师介入的形式中,如果老师是以合作的、支持的、指导的方式与幼儿进行互动,那么教师的参与就能提高幼儿的游戏水平。

其次,教师在指导前就应该有比较清晰的目标意识,通过介入和指导帮助幼儿获得新的经验和发展。

再次,计划图的使用在一定程度上可以降低搭建的难度,提高幼儿的搭建兴趣,从而使搭建活动得到好的效果。

最后,教师以游戏者的身份与幼儿一起游戏,能进一步了解幼儿的真实想法和能力水平,帮助幼儿解决真实的问题和困惑,也能丰富幼儿更多的经验和技能,对幼儿的帮助很大。

兵器工业机关服务中心幼儿园　王　劲

搭 钟 楼

游戏主体:亲亲、晨晨、小白
游戏精彩回放与聚焦点:合作意识

我看见

亲亲(女孩)和晨晨(男孩)分别站在正在搭建中的"钟楼"两侧的椅子上。亲亲手里拿着一块4倍单元积木,不确定地对晨晨说:"你快看看这样对吗?是这样吗?"晨晨点了点头说:"是的,你跟我搭一样的就行了。"亲亲点点头说:"虽然你是设计师,我是助手,你也要把你的想法告诉我,然后看看我搭得对不对,别搭错了。是吧!小白。"

亲亲和晨晨沟通建构想法

小白点点头说:"嗯!要不然我们也不知道怎么搭。"晨晨撇嘴对小敏说:"行吧,那你去帮我拿一块长积木,我现在需要。"亲亲眨了一下眼睛说:"好的,遵命!我的设计师。"小敏转身正准备走下椅子去给晨晨拿4倍单元积木,这时小白迅速地把一块4倍单元积木递到了亲亲手里:"这里,给你,拿着。"亲亲一边接过小白手里的4倍单元积木一边说:"谢谢你,我的助理。"小白回应道:"还需要什么你告诉我。"亲亲微笑着对小白点点头,转身把手里的积木递给了晨晨,并对晨晨说:"你看我是你的助理,小白是我的助理,我们俩都有助理。这样搭肯定快,还不用下椅子了。"晨晨开心地回应道:"咱俩都有助理了。"

亲亲和晨晨之间达成一致的搭建想法

我看懂

1. 同伴关系

在整个活动当中幼儿之间有分工、有合作,晨晨负责搭建"钟楼",亲亲负责模仿他的搭建,而小白为让方便站在椅子上的亲亲和晨晨搭建选择当他俩的助手。整个分工自然有序,幼儿之间也很默契,能接纳相互提出的建议和意见,并能表现出友好、积极的交往行为。

2. 合作意识

晨晨在搭建的过程当中,能根据自己的需要,连贯、清楚、大胆地跟同伴讲述自己的需要,亲亲能礼貌、幽默、友好地回应同伴,晨晨对亲亲给予的帮助则有礼貌地表示感谢。这些能较好地反映出幼儿具备较好的合作意识,并能较好地运用自己的语言建立合作关系。

我所思

人际交往和社会适应是幼儿社会领域中学习的主要内容。游戏中的幼儿合作意识很强,能很友好地与同伴进行游戏。幼儿在游戏过程中不仅学习如何与同伴友好相处,也在学习如何看待自己、看待他人,不断发展适应社会生活的能力。虽然看似晨晨负责整个搭建,其实在搭建的过程中亲亲起着"承上启下"的作用。她能主动与同伴交流自己的想法,表达自己的需要,还能在游戏当中去分配同伴的角色,让大家在和谐的氛围当中开展游戏。良好的社会性发展对幼儿身心健康和其他各方面的发展都具有重要影响,我们应该利用多种方式和策略帮助幼儿丰富同伴交往策略,在后续的活动中创设更多的交往机会。

兵器工业机关服务中心幼儿园　佘瑞娜

| 表演区 |

游戏观察与分析

香香的被子

游戏主体：小班幼儿
游戏精彩回放与聚焦点：角色行为、角色语言、情绪

我看见

"太阳"要站在椅子上表演，"小羊"开心地催促着："快点！太阳，你先踩上（椅子）！""太阳"上了椅子，嘴里说："哎呀！（太阳道具）太长太大了！"站好后，"太阳"看着"小羊"问："你好，小羊！你的被子怎么啦？""小羊"说："我的被子有点湿了！""太阳"说："我来帮你吧！你先把被子挂上去。""小羊"走过来把手中的被子夹在晾衣架上，"太阳"伸手把太阳道具举了起来，对着被子晒了一小会儿。

"太阳"站在椅子上帮助"小羊"晒被子

"小猪"来了,看见挂在绳上的被子问道:"这个被子怎么不拿走呢?""小羊"答道:"还没晾干呢!""太阳"见"小猪"来了,主动问:"你好,小猪!你的被子怎么啦?""小猪"回过头看着"太阳"说:"臭了!""太阳"接着说:"我帮你晒吧!""小猪"转身在另一衣架上挂上"被子"。"太阳"于是从椅子上下来,举着太阳道具走向"小羊"的被子,晃动着身体假装晒了一会,再转身面向"小猪"的被子,同样假装晒了会儿。

"太阳"走下椅子向"小羊"的被子晒了一会,然后又向"小猪"的被子晒了会儿

"太阳"站回椅子上问"小猫":"小猫,你的被子怎么了?""小猫"举高自己的被子说:"我的被子上边儿湿了。"接着又补充道:"又臭又湿!我现在要晾上它。"说完转身把被子挂在晾衣架上,却怎么也夹不上,老师过来帮忙。

"小猫"举高被子说:"我的被子上边儿湿了,又臭又湿!我现在要晾上它。"

"太阳"继续站在椅子上招呼"小松鼠":"小松鼠,你快过来!""小松鼠"过来后"太阳"问道:"小松鼠,你的被子在哪里呀?""小松鼠"接话道:"我不用被子,我用长长的尾巴当被子。""太阳"听到后,惊讶地张大了嘴、瞪大了眼睛,双脚碎踮着说:"你这么厉害呀!那你把尾巴放上来吧,我来帮你晒!"

"小松鼠"把身上的"尾巴"(彩穗)搭在衣架上,其他"小动物"都围过来发出惊叹:"啊!啊!""太阳"等了一会儿,"小羊"带头说:"好了,晒干净了!"于是,"太阳"又从椅子上下来,嘴里念着:"太阳下山了!"然后缩着身体蹲下来假装下山了。其他"小动物"纷纷从架子上取下被子,叫着:"冬眠了,要睡觉了!"他们一起跑到窗户边坐下,将被子盖在腿上,闭上眼睛假装睡着了。"太阳"再次站起来说:"太阳会帮你们的!"然后开心地转了一圈后继续蹲下。"小动物"们纷纷叫道:"天亮了!"表演游戏结束。

孩子们跑到窗户下把被子放在自己的腿上,装作睡着了

我看懂

"香香的被子"游戏核心价值统计表

时间	行为			语言			情绪		
游戏时长	角色行为	角色互动	深化性表演	角色语言	自编语言	同伴语言	积极情绪	中性情绪	消极情绪
203秒	25次	9次	7次	20次	7次	3次	33秒	170秒	0秒

1. 角色行为

(1) 儿童角色意识清晰,表演互动频率高。

在时长203秒的游戏中,5个孩子共表现出符合角色的行为25次;相互配合、符合角色身份的互动表演9次;表演没有成人的介入与提醒。这说明儿童的角色意识清晰,表现出符合角色身份的扮演行为;儿童的表演很投入,能和其他角色配合,配合表演时衔接流畅。

(2) 儿童表演具有一定的表现力。

游戏过程中,孩子们深化表演的数量为7次,包括"太阳"3次,"小猪、小羊、小猫"各1次,集体性表演1次。如"太阳"惊讶地张大嘴、瞪大眼睛,双脚碎踏着说:"你这么厉害呀!那你把尾巴放上来吧,我来帮你晒!"……这说明,小班孩子也能较深入地体会、思考、表演自己扮演的角色,会依据自己对角色的理解,运用语言、动作、手势与表情等来生动演绎角色,深化表演的内容,具有一定的表现力。

2. 角色语言

(1) 儿童对故事脚本熟悉,对角色特点理解具体。

游戏中5个孩子说出符合角色身份的语言共达到20次,且应答流畅,这说明孩子对故事的脚本很熟悉,能够运用符合角色的语言参与表演,角色语言比较准确。

(2) 儿童具有一定的语言创造力。

5个孩子除了说出角色的语言20次外,说出自编台词的频次为7次,包括角色间的应答式自编台词3次。如小猪问:"被子怎么不拿走呢?"小羊答:"还没晾干呢!"……这些说明,孩子们对角色的特点理解具体深入,并且身心都融入在表演情境中,他们能够结合情境适当运用自编语言进行表演与相互应答,具有一定的语言创造力。

3. 游戏情绪

儿童充满兴趣,积极主动地参与游戏。孩子在表演游戏中,当处于自己角色部分的表演时,他们积极、主动、投入,享受游戏带来的快乐;而当自己的表演部分完成后,情绪虽然有所平缓,但也能不游离,能耐心观看并充满兴趣地等待,合作式地将整个表演游戏进行到底。

我所思

1. 教师在"搭建阶梯"后适时放手,能促进小班儿童表演能力的提升

此游戏是小班孩子基于前两次有成人参与基础上的第三次表演,表演全程由孩子相互间合作完成,成人参与极少。可以看出,小班儿童在感知故事情节与角色特点后,如果教师辅以适宜数量的成人参与式表演,能够有效地帮助小班儿童加深对故事情节的熟悉以及对角色特点的理解,进一步巩固角色语言并深化表演内容,为儿童独立生动开展表演游戏打下基础。

2. 明确表演游戏精彩要点,多种方式支持小班儿童拓展性表演

表演游戏能否精彩主要由孩子是否具有"深化表演的行为""自编台词的语言"与"创编剧情的能力"来体现。小班教师在指导中,可以多种方式引发孩子个性化的表演与创编意识,支持儿童拓展表演。在表演准备阶段,运用参与表演、示范创编台词或共同商讨的方式,帮孩子深入感知理解角色、扩展故事内容、拓展表演情节;在游戏结束时,运用精彩片段回放、照片模仿等方式再现精彩内容;以鼓励性的评价促进小班儿童创造性地表演。

北京市海淀区美和园幼儿园　王晓岚

大家一起来准备

游戏主体:妞妞、小侯、禾禾
游戏精彩回放与聚焦点:师幼互动

我看见

第一遍表演结束后,孩子们想交换角色再演一遍。演"小羊"的小侯对演"小猫"的妞妞说:"我想演小猫。"妞妞回答:"不行!"老师看见了,主动蹲下来拍拍小侯的肩膀,大声说:"我愿意和你换。"当看见小侯还没有回应时,老师再次看着他的眼睛主动问道:"你愿意和我换

吗?"于是,小侯主动将自己的头饰摘下来递给老师。

老师主动拍小侯的肩膀与他交换角色

禾禾看见了,跑来对老师说:"老师,我也想当小猪。"老师对禾禾说:"你也想演小猪呀?可是我已经和他(小侯)先说好了,我下次再和你换吧,好吗?"禾禾点头离开了,老师和小侯互相戴上了对方的头饰并拿起被子。

老师对禾禾说:"我已经和他先说好了,下次和你换吧,好吗?"

换好后,原来演"太阳"的涵涵把太阳道具摘了下来找老师,她对老师说:"我也想和你换!"老师把已戴上的头饰再次摘下来,问她:"你愿意表演小山羊,是吗?"涵涵点头后,把和老师换来的头饰戴在头上。

妞妞拿着彩绳(尾巴道具)来找老师说:"你帮我(把尾巴放在裤子里)一下吧!"老师看了看,回答说:"这个——可以请小朋友帮忙,你想请谁呢?"禾禾看见了主动说:"我来帮你吧!"说着帮妞妞把尾巴塞进了裤子里。

这时,小侯又拿着松了的头饰发箍来找老师:"你帮我弄吧?"老师看了看头饰发箍,对小侯说:"这个我来教你戴吧!"边说边面对着小侯,让小侯两只手拿着发箍的底端,老师再握着小侯的两只手,有些夸张地把发箍的底端用力拉开,嘴里还说着:"嗯!就这样打开,再夹在耳朵旁,这下戴住了吧!"然后,表演正式开始了。

表演区 游戏观察与分析

老师问涵涵:"你愿意表演小山羊,是吗?"

我看懂

1. 师幼关系和谐宽松

该游戏准备过程中,孩子们分别在教师的支持、建议、暗示与提醒下,按自己的意愿选择了角色,互换了道具,戴上了头饰……这些互动,体现了孩子们愿意与教师沟通、交流以及向教师请求帮助的愿望与行为,说明师幼关系和谐宽松。

2. 教师及时支持小班儿童游戏的意识强、方法多

此游戏中,由小班儿童主动发起的师幼互动居多,由教师发起的师幼互动偏少。这说明,虽然小班孩子还未形成主动与同伴交往的意识,但是教师具有"退一步"站在儿童后面支持儿童游戏的意识,并能采用多种方式回应儿童的请求,满足儿童游戏意愿的同时,针对儿童的特点渗透着个性化教育。例如:

以"参与"主动发起互动,满足孩子想换角色的愿望。当孩子想换角色被同伴拒绝时,教师主动对小男孩说:"我愿意和你换!""你愿意和我换吗?"满足了孩子换角色的意愿,也示范了与同伴交流的方法。

以"解释"回应儿童的不适宜要求,取得儿童的"首肯"。当禾禾想抢先交换角色时,教师在询问了她的意愿后拒绝并给予了合理的解释,提出了解决的方法,取得禾禾的"首肯"。

以"建议"回应能力强的儿童,鼓励儿童相互帮助。当动手能力强的儿童来找教师帮忙塞尾巴时,教师鼓励儿童主动去找同伴来帮忙,为儿童创造沟通交流、相互帮助的机会。

以"讲解"回应动手能力弱的孩子,帮助儿童习得操作的方法。当动手能力弱的孩子请求帮着戴发箍时,教师用"手把手"示范和讲解的方式教授戴稳发箍的方法。

我所思

1. 表演游戏准备阶段蕴含着丰富的儿童社会交往的契机

游戏的准备过程,其实既包含儿童与教师间的师幼互动,也包含儿童同伴间的互动。在这期间,儿童都要经历"角色选择、准备道具、准备服装"等过程,这些都体现着孩子社会交往的意识与水平。如果教师有目的地观察、分析不同孩子交往的对象、交往的语言与交往的效

果,可以判断出儿童的交往能力与水平,抓住契机及时给予支持、鼓励或提醒,既为表演游戏做好准备,也提升儿童的社会交往意识与能力。

2. 有意识地主动发起互动,促进儿童相互间的社会交往

针对本游戏中小班儿童主动向成人发起的互动较多的状况,在以后的游戏准备阶段中,教师可以有意识地主动发起互动,为孩子创造同伴交往的机会,促进儿童社会交往能力的进一步提升。如提问:"这次你想和谁换角色?我们应该怎么有礼貌地问询?可以怎么说?""服装道具穿戴不上时,除了找老师帮忙,还可以找谁?"此外,在游戏结束后,教师还可以对孩子们有效的同伴互动语言、行为进行表扬与鼓励,进一步强化儿童的社会交往意识。

北京市海淀区美和园幼儿园　王晓岚

我们也来演"白骨精"

> 游戏主体:妞妞、钱钱、小慈
> 游戏精彩回放与聚焦点:剧情演绎

我看见

三个幼儿扮演"白骨精"变的老婆婆

妞妞、钱钱、小慈三个小朋友从左至右依次排队站好,她们在一起扮演"白骨精"。妞妞、钱钱跟着小慈一起用很大的声音说:"待我使出本夫人的变身大法,让我变成小女孩儿的妈妈,再去骗一骗。"

说完,小慈回过头拿起放在床上的丝巾,妞妞和钱钱也跟着拿起丝巾,三个"白骨精"同

表演区　游戏观察与分析

"白骨精"拿起丝巾变身

时大力地甩了一下丝巾,说:"变!"

然后,三个"白骨精"开始弯着腰走,假装自己是"白骨精"变的老婆婆。他们一边走,一边模仿着老婆婆的声音大声呼唤:"女儿,女儿,你在哪儿?"眼睛则看着旁边扮演孙悟空的三个小朋友。

这时,扮演"孙悟空"的三个小朋友一个正在对着镜子跳舞;一个正拿着丝巾对着镜子来回甩动;另一个则站在一边看着另外两个"孙悟空"。

三个"白骨精"等待的同时,妞妞走到"孙悟空"的身后,手里摆弄着丝巾说:"孙悟空打我呀!"小慈也跟着说:"孙悟空,打我呀!"

三个"白骨精"回头叫"孙悟空"打自己

三个"孙悟空"听到"白骨精"在叫自己,他们迅速转过身。彭彭挥舞着手里的丝巾,石头和涵涵也做向下挥舞的动作,同时嘴里发出"砰"的一声。三个"白骨精"大叫了一声:"啊!"然后顺势倒在了地垫上。

"孙悟空"打倒"白骨精"

这时,扮演"孙悟空"的彭彭也想扮演"白骨精",便向前走了一步对着扮演"白骨精"的三个小朋友说:"(你们)再打一次我们呗!"扮演"孙悟空"的涵涵则捂着嘴呵呵地笑着,另一个扮演"孙悟空"的石头则站在一旁看着大家。

这时"白骨精"妞妞首先站了起来,捋着丝巾说:"不,我还要再玩一次。"一边说一边又走向了床边。小慈和钱钱也跟着妞妞向床边走去,一边走一边对彭彭说:"再玩一次。"

三个"白骨精"走到床边后,钱钱提醒说:"然后,我们说气死我了!"三个"白骨精"把丝巾放到了床上,跺着脚说:"哼!气死我了,气死我了,竟然又识破了本夫人的变身大法!"说着她们又拿起了丝巾一起说:"使我变成小女孩儿的爸爸。变!"然后大家又开始了新一轮的游戏……

我看懂

1. 部分幼儿角色意识明显

游戏过程中,部分幼儿能够说出符合角色的语言。如三个"白骨精"能说出符合剧情的台词"气死我了,气死我了,竟然识破了本夫人的变身大法。待我变成小女孩的妈妈,再去骗一骗"。同时,幼儿在说台词的时候声音洪亮,还能够恰当地运用不同的语气、语调来表现"白骨精"的情绪。例如,运用语气词"哼"表示"白骨精"很生气;在被打倒后会一边跺脚一边说"气死我了"……游戏过程中,幼儿也能够做出符合角色的动作,尝试生动地表演。例如,三个扮演"白骨精"的幼儿弯着腰,表现出老婆婆的样子;还会用丝巾装扮自己,假装自己是妖精。这些都说明,小班幼儿虽然年龄小,但他们的角色意识比较清晰。

2. 幼儿对剧情片段理解清晰

幼儿对《三打白骨精》的剧情片段比较了解。一方面,幼儿知道在游戏中有孙悟空、白骨精这两个主要角色;另一方面,幼儿还了解故事的主要情节。如知道白骨精变成了小女孩、小女孩的爸爸、妈妈等,以及知道什么时候会被孙悟空打死。因此,在剧情发展到被孙悟空打死的时候,作为"白骨精"的小朋友会用语言提醒"孙悟空":"孙悟空,打我呀!"

3. 幼儿在游戏过程中能够大胆表现

幼儿能够运用表演区中现有的材料，进行大胆的表演。例如，扮演孙悟空的彭彭用丝巾当做金箍棒；扮演白骨精的三个小朋友用丝巾装扮自己，还用甩丝巾的动作来表现白骨精的魔法。幼儿在自主生发的游戏过程中，非常开心、投入地参与，并能够大胆表现。

我所思

1. 小班幼儿能够模仿演绎一定难度的角色游戏

本次游戏完全是由小班幼儿自主表演出来的。表演的剧情来源于小班幼儿在"六一"期间欣赏了大班表演的童话剧《三打白骨精》。这说明，精彩的童话剧表演能够给小班幼儿留下深刻的印象，他们能够将印象深刻的片断再次重现在表演游戏当中。结合幼儿这一特点，教师可以多带幼儿观看更多种类、更多内容的儿童表演剧目，丰富孩子的表演经验，激发并持续保持孩子的表演兴趣。

2. 多种方式持续支持幼儿精彩演绎

这是孩子们第一次自主开展的表演游戏，由于部分幼儿在表演过程中对角色理解不深，从而导致不会表演或仅仅是模仿、跟随表演的情况。为此，教师可以从以下4个方面对幼儿表演游戏给予支持，深化孩子的表演：

① 投放相应角色的服饰、表演道具，激发幼儿表演的欲望；
② 带领幼儿再次观看表演现场或剧情片段，帮助幼儿熟悉与理解剧情；
③ 教师可以主动参与并示范表演经典角色，支持幼儿精彩演绎；
④ 表演结束后，教师适时鼓励幼儿表演精彩的地方，并提出新的要求和目标。

北京市海淀区美和园幼儿园　熊秋爽

咿呀咿呀呦

> 游戏主体：小五、小怡、果儿
> 游戏精彩回放与聚焦点：幼儿的表现与创造

我看见

三名幼儿在表演区里挑选乐器，她们在为接下来的节目做准备。小五（左1）先拿了两个摇铃后站在舞台的一侧，小怡（左2）拿了两个沙锤后，双手举起手中的沙锤并走到了小舞台的中间。这时，果儿（右1）蹲下来从玩具柜的第一层取出手鼓，右手拿着鼓槌并双手抱起手鼓走到舞台上，和小五、小怡一起站成一排后，将手鼓放在地上并下蹲。在果儿走上舞台的时候，站舞台中间的小怡对台下的老师说："准备好啦！"老师便打开了音乐。

观察点亮游戏

第三名幼儿上台后,小演员们开始表演节目

小演员提醒同伴拿错了鼓槌的方向

随着音乐的响起,手拿摇铃和沙锤的小五、小怡开始站着挥动手中的乐器,做出"|××××|"的固定节奏。而手持鼓槌的果儿则蹲在地上,一手扶手鼓,一手拿鼓槌,双眼看向正在打节奏的两名同伴。待第一节音乐结束后,摇铃和沙锤的声音停止了,小五和小怡一起望向果儿。这时,果儿开始用右手挥动鼓槌,敲击鼓面,发出"|×××|"的声音。在鼓声响起的时候,小怡提醒果儿说:"你拿反啦!"然后她蹲下来指着鼓槌,对着小鼓手说:"你的这边(鼓槌的另一头)是手拿着的!"小怡的提醒却没有得到果儿的回应。

第二节音乐结束,又到了摇铃和沙锤的时间。小五和小怡并没有纠结于同伴拿错了鼓槌,便又回到了自己的表演状态,开始了自己的打击乐表演。

我看懂

1. 幼儿能进行艺术活动并大胆表现

游戏中的三名幼儿在游戏中能够跟随音乐的节奏和律动,运用手中的游戏材料打出相应的节奏,并在小舞台上大胆表现,体现出幼儿能够跟随熟悉的音乐做出身体的动作,能够自信地去创造和表现音乐游戏。

2. 幼儿间有同伴合作

在这次表演活动中,三名幼儿之间依据自己拿的乐器材料,是有分工合作的。三人根据音乐的节奏,以摇铃和沙锤同时演奏与手鼓独奏相结合,共同完成了表演。在表演过程中,一名幼儿及时发现了同伴将鼓槌拿反了方向并及时提醒,在提醒未果后又快速调整状态去完成自己的表演部分。

3. 能利用材料进行表现

手鼓、摇铃和沙锤都是小班表演区常见的游戏材料,幼儿能够熟悉各种材料的名称和特点,并在此基础上结合熟悉的背景音乐,完成相应的表演活动,充分体现了材料对幼儿表演游戏的有效支持。

我所思

本次表演游戏中的幼儿能够自主选择游戏材料,根据音乐的节奏与同伴一起开展简单的合作游戏,符合小班幼儿的年龄特点。教师可以提供更加丰富的材料来引导幼儿在简单合作的基础上加入故事情节、语言表情或者手势动作等新的表演内容,帮助幼儿建立新的经验,丰富幼儿的表现和创造。

北京市朝阳区福怡苑幼儿园　闫慧芳　韩　静　徐凯萍

拔 萝 卜

游戏主体:扮演老奶奶、老爷爷的2名幼儿
游戏精彩回放与聚焦点:师幼互动

我看见

师:"格格你今天要当小老鼠还是老奶奶呢?"老师看着幼儿,幼儿低头不说话。师:"你看这上面有你的名字呢!"(说着将老奶奶头饰递给格格并给她戴上)

教师提示幼儿扮演"老奶奶"的角色

师:"那我当小老鼠吧。"

幼儿齐声笑着说:"好啊。"

师:"小萝卜呢?快,来,我们来这边候场了,音乐中没说到你的来这啦,快来,第一个说的是谁来着?"

幼:"老爷爷。"

(牵着扮演老奶奶的幼儿)师:"来,你也在这边候场,我们听音乐往里进,先退到这条线的后面(牵着幼儿往后退)。小观众,如果他们表演得好,咱们应该怎么样?(示范做拍手动作)"

幼:"鼓掌!"

音乐响起,在音乐中的拔萝卜处,教师从背后做了一个推的动作让"老爷爷"上场,"老爷爷"拿着萝卜头饰开始做"拔"的动作。教师在一旁边做拔萝卜的动作边说:"轻点轻点。"在招手的位置对"老爷爷"说:"招手。"提醒"老奶奶"快去,做拔萝卜的动作。师:"说什么来着,格格?"

教师提示幼儿在对应歌词处表演

"老奶奶"说:"来了。"也说边拉前面女孩的裙子。

师:"轻轻拔。"

当"老爷爷"拉着绳子用力拔萝卜时,教师提醒:"太使劲了,拉手就行了。"教师示范一下往前、一下往后地"拔萝卜"的动作。

我看懂

在180秒的视频中对相关内容频次进行统计,结果如下表所示。

聚焦表演游戏的统计分析

观察项目	说明	教师		幼儿	
		发起	回应	发起	回应
语言	师幼之间的言语互动	9	0	0	5
行为	示范	3		跟随3	
	动作提示	3		跟随3	

教师与幼儿的言语互动,较多是由教师发起,幼儿回应相对较少。教师的语言多为提示幼儿说出角色性的语言,但是幼儿没有角色性语言的回应。幼儿有3次动作回应,2次语言回应。

教师与幼儿的行为互动,主要集中在进行示范表演和动作提示上,包括"拔""推"等动作让幼儿模仿,用"招手""牵"的动作提示幼儿上场表演。

我所思

幼儿基本能够随乐而动,喜欢模仿教师的动作,符合小班幼儿的年龄特点。但是由于幼儿对故事不太熟悉,需要在教师提醒下跟随音乐做出"拔""招手"等角色动作,到自己演出时也需要教师提醒,角色意识不够明确。在下一步的活动中,教师可以丰富幼儿的相关经验、材料,提供较多的文学作品来丰富幼儿的表演。

北京市朝阳区福怡苑幼儿园　徐凯萍　闫慧芳　韩　静

白雪公主

游戏主体:晓晓、多多、琪琪、二宝、合合
游戏精彩回放与聚焦点:角色意识

我看见

"王后"(晓晓饰)问"魔镜"(多多饰):"魔镜、魔镜,谁是世界上最漂亮的女人?""魔镜"回答说:"当然是您啊,王后,但是白雪公主比你漂亮一千倍。""王后"将手臂举平,握紧拳头,皱眉做生气的表情。

"王后"请来"猎人"(琪琪

"王后"听到白雪公主比她漂亮后的生气表情

饰),"猎人"说:"王后陛下,你有什么事啊?""王后"拿起一个小鼓槌交给"猎人"说:"你把白雪公主带到森林里给我杀死,把她的心挖出来给我看看。"

"猎人"带来"白雪公主"(二宝饰),说:"白雪公主我不忍心伤害你,你快跑吧。""白雪公主"倒在地上,"小矮人"(合合饰)回来了,用双手晃动"白雪公主"说:"白雪公主你快醒醒,白雪公主你快醒醒。"旁白提示"小矮人":"你问她叫什么名字。""小矮人":"你叫什么名字?""白雪公主":"我叫白雪公主。"然后又说:"有个猎人要把我杀掉,然后我就到了小木屋。"旁白提示"小矮人"说:"你留下来吧,给我们做饭,打扫房间。"旁白提示"小矮人"下台,"小矮人"蹲着走下台。

王后上场问"魔镜":"魔镜、魔镜,谁是世界上最漂亮的女人?""魔镜"回答:"当然是您啊,可是白雪公主在七个小矮人的房间里比你漂亮一千倍。""王后"又将手臂举平,握紧拳头,皱眉做生气的表情。旁白:"听到这话,王后想找一个苹果。"这时扮演"王后"的晓晓拿了一条围巾,对旁白说:"先这个。"然后拿起围巾系在"白雪公主"的脖子上,"白雪公主"马上倒地,"小矮人"上场解开围巾,"白雪公主"醒来。

幼儿随机变换内容用围巾来表演

我看懂

在整个活动过程中,幼儿能够根据故事进行表演,有角色意识。比如扮演"王后"的小女孩通过自己对故事的理解,做出将手臂举平、握紧拳头、皱眉做生气的表情,体现了该幼儿能够做出符合情景的想象行为。

幼儿能够根据自己扮演的角色与同伴进行对话,语言方面较多的是复述故事中的对话。但是角色语言中含有"杀死""挖心"等暴力性语言,故事情节没有深化与拓展。

我所思

幼儿能对自己喜欢的故事进行表演,同时说出角色语言,根据自己的理解对人物表现出符合情景的假装和想象行为,而且还突发奇想,创设新的场景进行演绎。但是针对一些暴力性的角色语言,教师应该保持一定的教育敏感度,删减文学作品中不适宜的语言,及时对幼儿进行文明友爱的教育。

北京市朝阳区福怡苑幼儿园　韩　静　闫慧芳　徐凯萍

<h1 align="center">彩 虹 色 的 花</h1>

游戏主体：钱包、瞳瞳、萌萌、涵涵
游戏精彩回放与聚焦点：角色意识、语言发展

我看见

第三遍游戏表演开始前，老师和小朋友们在一起讨论谁扮演什么角色，将会遇到什么问题需要彩虹色的花帮助。

老师一边帮助表演蝴蝶的钱包整理翅膀一边问："你要表演谁？"钱包说："我要表演小蝴蝶。"老师继续问："你想让小蝴蝶见到彩虹色的花的时候遇到什么问题？"钱包说："嗯——嗯——我要回家。但是呢，我……没有翅膀了。"老师追问："哦，你的翅膀坏了？"钱包点了点头说："嗯，折断了。"老师继续问："那你想让彩虹色的花怎么帮助你？"

老师边帮钱包整理表演道具边询问角色

钱包用手指着翅膀说："就是，我想让它用花瓣补上。"老师说："好的，那你想一想，待会怎么和彩虹色的花说好不好？"钱包冲着老师点了点头。

钱包指着自己的蝴蝶翅膀

之后,老师扭过头去问扮演小花猫的瞳瞳:"你是谁呀?"瞳瞳照着镜子,摸着自己的头饰说:"我是小猫。"老师追问:"哦,小猫遇到什么事情需要彩虹色的花帮忙呀?"瞳瞳说:"我要去河对岸找一个宝藏。但是我没有船。"老师说:"哇!我好期待呀!你们遇到的问题都不一样呢!那等一会,你们想一想要怎么和彩虹色的花说,好不好?"

老师继续问扮演小猪的萌萌:"你是谁呀?"萌萌抓着自己的胸牌看了看小声说:"我——是小猪。"老师说:"那老师先不问你了,待会你给我一个惊喜,看看你遇到了什么不一样的事情好不好?"萌萌点了点头。

这时,扮演小蚂蚁的涵涵拿着自己手里的胸牌看了看说:"我还要当小老鼠。"老师说:"你还要当小老鼠呀?"涵涵点了点头。老师说:"好的,行!"

老师继续问:"那我们再一起玩一次好不好?"小朋友们跳着说:"好!"老师继续追问:"那这次我还当彩虹色的花?"小朋友们一边跳一边说:"好!"

瞳瞳摸着自己的头饰介绍自己是谁

表演区　游戏观察与分析

萌萌在向老师介绍自己扮演的角色

涵涵在向老师介绍自己扮演的是谁

我看懂

1. 幼儿表演中的角色意识清晰

当老师问幼儿"你是谁呀？"的时候，幼儿能够结合自己想要扮演的角色回答出自己是谁。此外，他们会根据自己想要扮演的角色，选择相应的头饰、道具来装扮自己。

2. 幼儿语言发展较好，但也存在个体差异

幼儿在语言表达的过程中呈现出不同水平。例如，钱包虽然能够用较完整的语言表达自己的想法，但是语言的连贯性和条理性还需要进一步提高；瞳瞳能够运用完整的语言清晰表达想法，同时运用相应的关联词支持表达。萌萌呈现出不太敢当众表达的表现。涵涵敢于并乐于当众表达，但语言的完整性还有待提高。

3. 幼儿创造性表演的意识较强

师幼对话中的幼儿，均对故事角色与内容理解清晰，能大胆想象与创造性改编剧情。具体表现在幼儿知道在游戏过程中小动物必须要遇到各种困难，需要彩虹色的花帮忙才能够表演故事；幼儿均打算将原剧《彩虹色的花》中的角色变成自己喜欢的小蝴蝶、小猪、小猫、小

蚂蚁;同时,幼儿将小动物们遇到的困难进行了改编,结合小动物们自身的特点以及个人原有经验,大胆想象出新的剧情。

我所思

1. 多种方式,支持幼儿大胆想象与创造性表演

日常生活中,进一步丰富幼儿对于动物形象、动画人物形象的认识与理解,并投放相应材料,从而扩展幼儿角色与道具选择的空间,激发幼儿创造的愿望。此外,幼儿在创新表演剧情后,鼓励与同伴进行角色与剧情的互换表演,保持幼儿创新的兴趣;同时,鼓励不会或不敢大胆创编剧情的幼儿模仿表演。最后,教师通过拍照片、录像等形式,记录幼儿创造性表演的过程,总结创编剧情的方法,从而支持幼儿大胆想象与创造性表演。

2. 引导幼儿事先设计适宜的语言,顺利参与表演

由于幼儿语言表达的能力呈现出差异,教师可以结合幼儿语言运用的能力,通过在游戏之前的计划,有意识地帮助幼儿设计合理与流畅的语言,关注幼儿运用的状况。此外,还可以提高对幼儿语言表达的要求,如注重语言的完整性、语言的生动性等,帮助幼儿逐步提高语言表达的完整、清楚与生动。

北京市海淀区美和园幼儿园　熊秋爽

小马过河(一)

> 游戏主体:淼淼、童童、果果
> 游戏精彩回放与聚焦点:以物代物、关联价值

我看见

幼儿开始为"小马过河"布置场景了。淼淼、童童和果果搬来了4把小椅子,准备创设

幼儿用低结构的蓝丝带当作"河水",用积木当"草地"

"小河"。童童把两把椅子拉开大约1米的距离背对背放置,摆好后童童又跑到另一侧帮助果果,他们俩目测了一下椅子之间的宽度,同时还挪动了椅子进行调整。森森在一旁将蓝色丝带做成的"河水"慢慢打开。

小椅子摆好了,森森和童童把蓝色围拢的丝带抻开,先将一头套在了两边椅子上,同时还调整了一下椅子的宽度,接着将另外一头套在了另一边的两把椅子上。当发现套在椅子上的"河水"到地时,森森和童童便合作把两边的椅子往后挪,直到"河水"抻平。这时悠悠也跑来帮忙,跪在地上用两只手来测"河水"的深度,嘴里还说:"我看看深浅可以吗?"感受到"河水"深浅合适后,他们满意地站了起来。

幼儿用双手来测"河水"深度

在大家的合作下,调整好了"河水"的长度、宽度和深度。童童在"河水"的旁边摆好了"大树",悠悠帮助童童把"树"往远处调整了一下,并在"河"边用积木拼出了"草地"。看到场景布置好后幼儿开始选择自己想要扮演角色的头饰并戴在了头上,果果不小心用脚把"河水"钩了一下,一侧的一把椅子倒了,果果和童童重新调整了"小河"。所有场景准备就绪,游戏开始。

椅子被碰倒后童童帮忙摆放好

我看懂

1. 以物代物

在此次场景布置中幼儿能够用外形或颜色相类似的物品来代替游戏中需要的道具,如用低结构材料"蓝丝带"套在凳子上当作"河水",用半圆的积木当草地,用笤帚架当"小松鼠"的"家"等。这些体现出了幼儿已经有了一定的经验,并能够根据游戏中的需要进行创造性的"以物代物"。

2. 关联价值:科学领域

(1)对形状概念的获得。《指南》中指出,幼儿能够"感知和体会有些事物可以用形状来描述",在游戏中幼儿通过用小椅子抻开蓝丝带的方式感知体会"小河"是可以蓝丝带抻开的长方形来表现的。

(2)对数字概念的获得。游戏中幼儿在布置"小河时"要用4把小椅子抻开丝带来完成"小河"的创设。可见,幼儿已经达到了《指南》中提出的中班幼儿要求:"尝试解决日常生活中需要用到数学的问题,体会数学的用处。"

(3)对深浅概念的获得。幼儿能够达到《指南》中提出的中班幼儿在"感知和区分物体的粗细、厚薄、轻重等量方面的特点"的能力。例如,悠悠在同伴创设河水时,像"小马"一样把手放进抻平的"河里"感受"河水"的深浅,看是否满足表演的需要。

我所思

1. 以丰富的低结构材料及教师的适当引导,帮助幼儿提升"以物代物"的能力

游戏中,幼儿有初步"以物代物"布景的能力。基于此,教师可以充分地支持幼儿,如和幼儿讨论还可以为表演区准备哪些材料;或者和幼儿一起收集材料并投放"百宝箱",将日常中的丝带、插片、手帕等材料纳入其中,满足表演游戏中"以物代物"的需要。此外,还可以鼓励幼儿从其他区域中选择需要的材料运用到游戏中。最后,在区域评价环节,可以请幼儿将富有想象空间的"以物代物"行为与同伴分享,拓宽幼儿的思路,促进同伴间的相互学习。

2. 启发幼儿将科学领域的经验迁移到游戏布景中

此游戏,也体现出幼儿在科学方面的知识获得。因为游戏前教师与幼儿在场景布置上进行过示范,所以幼儿才能够将之前的科学经验延续到游戏中。但是,幼儿目前还处于单纯的模仿阶段,没有更多的个人思考。教师可以充分调动幼儿的已有经验,启发幼儿在场景布置中更加有创意与开放,如提问:"除了长方形的小河,我们还可以搭什么形状的河? 还可以用哪些材料来表现河水的深浅呢?"……不断地引发幼儿想出更好的方法来解决布景的问题,把不同领域的知识运用到游戏中。

北京市海淀区美和园幼儿园 韩伟巍

表演区　游戏观察与分析

舞蹈表演——金色童年

游戏主体：童童、淼淼、芊芊、啜啜
游戏精彩回放与聚焦点：表现与创造

我看见

当音乐响起时，四个女孩子拉平了手里的纱巾，随着旋律自由挥舞、抖动。淼淼问："可以转了吧？"童童说："好啊，快转圈。"四个小朋友顺时针换了一个方位，并上下抖动纱巾。

四个小朋友第一次顺时针换了位置

这时，芊芊也想转圈换位置，但看见大家没有动就停下了，淼淼看到后主动问："可以换位置了吗？"芊芊马上回应："可以了。"于是，四个小朋友顺时针再次换了一个方位。此时，淼淼有了新的想法："一边转圈一边走。"小朋友一边顺时针换方位，一边伴随着旋律上下抖动纱巾，脚下移动变换位置两次后停了下来。童童把左手放进纱巾下，淼淼看到后也把手放下去说："把自己的一只手放进去，芊芊你把你那只手放进去。"芊芊一只手放进纱巾下托住纱巾，一只手拉住纱巾，四个小朋友变换出了一个造型。

四个小朋友变换出造型

森森说:"我们变小花朵吧。"四个小朋友向中间移动步子,变成了小花形状。

幼儿变成了小花的形状

变完小花后,啜啜向外移了一步,歪着脑袋动作很优美。此时,森森说:"可以向啜啜一样,我们变大花。"于是,大家随着旋律向外跨步变成了大花。

幼儿随着旋律向外跨步变成了大花

芊芊此时向里迈了一大步,森森看到后说:"往里。"四个小朋友手与手相碰将纱巾对在一起变出新造型。

四个小朋友手与手相碰将纱巾对在一起变出新造型

之后，孩子们开始向后退步。此时森森将头放进纱巾里，鸿仪看到后也模仿着蹲下将头放进纱巾里，芊芊也试了一下迅速出来，四个小朋友依次跪地，身体挺直进入纱巾中变化出了新的造型。

四个小朋友进入纱巾中变化出了新的造型

森森第一个从纱巾里出来，这个时候纱巾不平了，孩子们有些着急。老师鼓励孩子："可以抖一抖纱巾，抖出小波浪，特别漂亮。"孩子们尝试配合抖出了波浪状。

孩子们尝试配合抖出了波浪状

我看懂

1. 运用纱巾创造表达

在游戏的过程中，幼儿呈现出初步的艺术表现与创造能力，她们已经可以用简单的舞蹈动作自发地表现与创造。幼儿能够在表演中大胆表现，随音乐的旋律创造出7个舞蹈的动作与纱巾的造型，动作协调优美，充分表达了自己对音乐的感受和对纱巾的运用，符合该年龄段的幼儿游戏发展水平。

2. 能与同伴相互合作，共同游戏

幼儿在游戏中能与同伴友好合作，活动中愿意接受同伴的意见和建议。例如，芊芊想转圈换位置时,看见大家没有动就停下了,森森看到后主动问大家:"可以换位置了吗?"芊芊马上回应道:"可以了。"此外,在游戏的过程中每个小朋友表情愉悦,合作得很愉快,很享受舞蹈表演的过程,形成了良好的幼幼互动。

我所思

教师可以将幼儿运用纱巾的照片或视频在活动区评价时与孩子进行分享,鼓励幼儿创造出更多的舞蹈动作、纱巾的造型方式。在以后的音乐游戏中,支持幼儿使用更多的低结构材料进行舞蹈表演,如"怎样使用扇子跳"。鼓励幼儿同伴之间相互模仿学习,创编简单的舞蹈动作,体验游戏的快乐,提高舞蹈、游戏的水平。

北京市海淀区美和园幼儿园　赵　颖

小马过河(二)

游戏主体:童童、森森、大白
游戏精彩回放与聚焦点:场景布置中的幼幼互动

我看到

主持人报幕说:"接下来要表演的节目是'小马过河'。"童童说:"我们先布置场景吧。"话音一落,孩子们各自去找材料。森森搬来两把椅子对童童说:"童童,我们一起布置河水吧?"童童回应道:"好啊!我们摆成一个长方形河水吧?"然后她将两个小椅子对着放,摆放完后童童说:"椅子不够,我再去搬两把椅子。"说完,又去搬来了两把椅子。此时,森森到百宝箱中拿出了蓝丝带,丝带缠在一起,森森用手抖着想打开。童童看见了来帮忙,两人一起把蓝丝带套在了四把椅子背上,调整成一个长方形,童童嘴里说着:"哇,好大的河水啊!"

幼儿用丝带、椅子摆出河水场景

此时，果果和大白找来了栅栏和积木区的小草，开始尝试摆放位置，果果将小草摆放在河水的后面，嘴里说着："这个当老牛的草地吧？"大白笑着说："好啊。"果果去搭建区搬来了玩具架当小松鼠的大树，还坐在上面试了试。大白说："没有粮食怎么办呀？"果果回应："可以把小雪老师装碗的袋子当粮食袋吗？"大白笑着说："你这个想法真好，我这就去找小雪老师。"不一会，大白开心地拿着两个碗袋跑了过来。

幼儿拿来了碗袋以物代物当粮食

大白说："场景布置好了，我们开始表演吧？"森森说："等会，马妈妈和小马的家还没有呢？"童童立刻说："我有一个好主意，要不我们用搭建区的房子当家怎么样？"森森说："好啊，太好了"！小朋友们布置完场景后，表演游戏开始。

幼儿在各自角色的场景内开始游戏

我看懂

1. 幼儿具备初步的合作能力

幼儿已经建立初步的合作关系，他们愿意和同伴一起为表演游戏进行场景布置与创设。这期间，孩子们能自然地两两结合，同伴间通过对话与应答，相互帮忙。例如，森森搬来两把椅子看着童童说："童童，我们一起布置河水吧？"童童回应道："好啊，我们摆成一个长方形河水吧?"……

2. 幼儿能够在合作过程中初步解决材料不足的问题

幼儿已经具备了初步解决问题的能力,能够将自己生活中原有经验迁移到问题情景中以解决材料不足的问题。例如,大白说"没有粮食怎么办"时,果果提出用老师装碗的袋子替代的建议。

我所思

孩子们能自然地两两结合,同伴间通过对话应答、相互帮忙进行合作为游戏布置场景,符合中班幼儿社会交往的发展水平。教师可以继续在游戏过程中,培养幼儿的合作能力,如提供大量的低结构材料,创设需要幼儿共同协作才能完成的游戏环境。此外,在区域活动计划部分可让幼儿自主商量,自选活动内容,自由组合,有意识地支持幼儿的相互交往。

在游戏结束时,教师可以有意识地将游戏过程中幼儿相互解决问题的表现用照片或视频形式与幼儿分享,鼓励或表扬幼儿间的相互帮助与合作行为,提高幼儿的社会交往能力。

北京市海淀区美和园幼儿园　赵　颖

小企鹅真漂亮

游戏主体:秀秀、黑衣男孩、熙熙、悠悠
游戏精彩回放与聚焦点:师幼互动

我看见

老师和幼儿一起试玩"小企鹅真漂亮"的节奏活动

区域活动时间,小张老师带了一些洗干净的圆柱形饼干盒来到表演区,她和四名幼儿围坐在一起商量今天要开展哪些节奏活动。张老师说:"你们想要玩哪个节奏?"秀秀举起手中的饼干盒说:"玩'小乌鸦'。"这时,熙熙说:"'小乌鸦'已经玩过很多次了,能不能换一个啊?"悠悠:"我也想玩一个节奏快一点的。"张老师说:"那我们今天用新来的材料来玩一个节奏快一点的吧?你们想玩什么?"黑衣男孩说:"小企鹅。"张老师说:"那咱们就先唱一个快一点的'小企鹅真漂亮'好吗?"幼儿手拿"乐器"齐声回答:"好啊!"张老师说:"我们先试一遍! 小企鹅真漂亮……"

张老师带领几名幼儿用手中的盒子做出|○×××|○×××|○×××|的固定节奏型。○代表"双手举着盒子";第一个×代表"手中盒子敲击地面1次";第二个×代表"双手盒子交换";第三个×代表"右手中的盒子向右侧幼儿左手移动"。张老师示范双手举着"乐器",嘴巴跟着发出"空"的声音,向下移动敲击地面发出"哒"后将双手的空盒子交换,将右手的空盒子推给右手边幼儿的左手,然后左手拿起左侧幼儿推来的一个盒子。试玩节奏动作后,张老师带头唱出歌词,与幼儿试玩该游戏。

四名幼儿模仿表演"小企鹅真漂亮"节奏活动

试玩结束后,张老师问:"你们自己能试试吗?"四名幼儿便收小了围坐的圈子,开始尝试该节奏活动。

我看懂

1. 教师提供的游戏材料

在本次表演游戏中,教师将生活中常用来包装饼干的圆柱形盒子带到表演区,和幼儿一起用它来完成简单的节奏游戏。此外,教师所投放的圆柱形盒子的大小刚好能够被中班幼儿的小手抓握,考虑到了幼儿的动作发展。

2. 教师主导的游戏过程

在游戏开始时,教师提出跟幼儿一起玩一个节奏比较快的游戏,有幼儿提出玩"小企鹅"。但是在玩的过程中,几名幼儿对节奏本身和歌词的衔接都产生了困难。在这种情况下,张老师便先带小朋友们认识、熟悉和体验了"空—哒—交叉—交换"的节奏动作,待几名幼儿熟悉了节奏动作表现形式后,老师便用带唱歌词的形式和幼儿进行简单的试玩。游戏中,幼儿能跟着教师进行节奏表演。

我所思

在最初尝试新经验的学习时,教师的介入和指导能够有效帮助幼儿获得新的活动经验,拓展幼儿视野。随着幼儿经验的增长，教师可以逐步退出幼儿的游戏，鼓励幼儿进行自主表演。可以制作节奏图卡，创设相关的环境，帮助幼儿拓展经验。

北京市朝阳区福怡苑幼儿园　闫慧芳　徐凯萍　韩　静

三只蝴蝶

> 游戏主体：俊俊、思思、天天、笑笑、教师
> 游戏精彩回放与聚焦点：师幼互动

我看见

有一天，突然下起了大雨。"白蝴蝶"（俊俊饰）用手做下雨的动作，"三只蝴蝶"煽动翅膀飞到扮演"白花"的幼儿身旁。"白蝴蝶"煽动翅膀说："白花呀白花。""红蝴蝶"（教师饰）提示"白蝴蝶"说："白花姐姐。""白蝴蝶"煽动翅膀又说："白花姐姐，白花姐姐，我们……嗯……""红蝴蝶"提示："我们被大雨……""白蝴蝶"和"黄蝴蝶"一起煽动翅膀说："我们的翅膀被大雨打湿了，大雨把我们冻得发冷了，可不可以在你的叶子下面避避雨啊？"

"白蝴蝶"正在和"白花"说要避雨

"白花"（天天饰）说："请白蝴蝶进来。""黄蝴蝶"（思思饰）煽动翅膀抢着说："白花跟我的颜色一样！""红蝴蝶"说："让白花自己说。""白花"说："白花的颜色和我的一样，请白蝴蝶进，红蝴蝶和黄蝴蝶走开。""红蝴蝶"又引导说："怎么说的咱们三个？"三只蝴蝶一起扇动翅膀说："我们是好朋友，相亲相爱不分手，要来一起来，要走一起走。"三只蝴蝶煽动翅膀飞到"红花"（笑笑饰）身边说："红花姐姐，红花姐姐，我们的翅膀被大雨打湿了，被淋得发冷了，请让我们在你的叶子底下避避雨吧？""红花"说："红蝴蝶的颜色像我，请红蝴蝶进来，白蝴蝶和黄蝴蝶请出去！""红蝴蝶"煽动翅膀说："不可以，我们三个是……""黄蝴蝶"和"白蝴蝶"煽动翅膀一起接着说："好朋友，相亲相爱不分手，要来一起来，要走一起走。"

表演区 游戏观察与分析

教师引导幼儿说出角色语言

我看懂

1. 互动语言

所有幼儿一共说了 17 句话，其中幼儿说出的角色语言一共 10 句。教师在表演过程中，以参与者身份介入幼儿的游戏中，一共说了 7 句话，其中有 5 句是提示和引导幼儿说出角色语言的话。

通过教师的提示幼儿也能更自信地说出角色语言，扮演"白蝴蝶"的幼儿在后来都是自己主动说出角色语言。

2. 互动行为

教师在表演过程中扮演红蝴蝶，与幼儿一起进行表演互动，表演飞的动作（包括蹲下飞、转圈飞、起身飞）发生 17 次，飞到红花旁边蹲下的动作共计发生 2 次。

师幼互动统计表

观察项目	说 明		教师		幼儿	
			发起	回应	发起	回应
互动语言	师幼之间进行的语言互动		7	0	0	5
行为	教师与幼儿的行为互动	扮演飞的动作	17		17	
		蹲下	2		0	

我所思

整个活动过程中，教师与幼儿共同进行表演，由教师发起的语言互动高于幼儿发起的语言互动，幼儿发起的语言互动为 0 次，说明教师主导游戏的情况较为明显。对于中班幼儿而言，在前期教师可以通过语言引导幼儿表演。不过在幼儿熟悉故事后，教师可以逐步退出，让幼儿进行自主表演。

北京市朝阳区福怡苑幼儿园　韩　静　闫慧芳　徐凯萍

我的幸运一天(一)

游戏主体：帅帅、豆豆
游戏精彩回放与聚焦点：表现力

我看见

"狐狸"做吹火动作

主持人："下面请欣赏《我的幸运一天》。"

师："小演员请上场。""狐狸"(帅帅饰)："不是，我要修一下指甲呢（做修指甲的动作）。""小猪"(豆豆饰)："修好了。"狐狸："你说当当当。"小猪重复："当当当。""狐狸"说："这里哪有什么小兔子啊，开门（做开门动作，抱着小猪后退几步，然后松开）。"

"小猪"说："我毕竟是一个很脏的小猪。""狐狸"放开"小猪"，在旁边做捡柴动作，假装用嘴巴生火，发出"呼呼"的声音，说："把小猪挂起来，捡柴火。"又开始呼呼吹火。

"小猪"随即搬来一把椅子坐下，"狐狸"摸摸"小猪"的头发说："我要把你晒晒，烤香。""小猪"说："我现在太小了，等我长大再吃我吧。""狐狸"摸了摸"小猪"的头，拉了拉"小猪"的胳膊。

师："怎么长大啊，按摩能长大吗？长得更胖一些，怎么长？"

"狐狸"搬来椅子说："你得坐着，我得先把你给挂起来。"然后，"狐狸"给"小猪"做洗头、洗胳膊和洗腿的动作。

"狐狸"拉"小猪"的腿洗澡

我看懂

1. 幼儿能够大胆表达与表现

幼儿愿意去模仿和参与演出,通过自编自演的方式表达自己对作品的理解与喜爱,并通过语言、身体动作去表现,符合中班幼儿的发展水平。尤其是幼儿弯腰"捡柴火""吹火"等动作,非常形象。其中,狐狸的扮演者表现欲望较为强烈,整个表演过程中表现力也较强。

2. 幼儿的语言较为生动

中班幼儿讲述较为连贯,能使用形容词、程度副词等,语言比较生动。比如:"毕竟我是一只很脏的小猪。"在表演中,幼儿能大致说出故事的情节。

我所思

"狐狸"和"小猪"能积极表演,并能做出与角色相适应的行为,进行大胆甚至创造性的表现。扮演狐狸的幼儿,能主动发起活动并在活动中处于主导地位,按照自己的想法进行游戏,具有自主的表现。在下一步的活动中,可以及时鼓励幼儿的自主表现与丰富的语言表达,也可以创设情境让幼儿更能融入故事情境中。

北京市朝阳区福怡苑幼儿园 徐凯萍 韩 静 闫慧芳

我的幸运一天(二)

游戏主体:豆豆、帅帅
游戏精彩回放与聚焦点:兴趣与专注度、解决问题

我看见

"小猪"(豆豆饰)被"狐狸"(帅帅饰)抓进屋里后,"狐狸"提示"小猪"说:"我毕竟是一只很脏的小猪,你不想给我洗洗吗?""狐狸"自言自语:"然后呢,我去捡柴火。"(重复做了三次捡柴火、吹火、拎水的动作)"狐狸"拉来椅子把"小猪"放在椅子上,做给他洗头的动作,然后又做"抱小猪"的动作说:"我要把你晒晒放进烤箱。"

"小猪"说:"我是一只很小的小猪,你不想等我长大了再吃我吗?""小狐狸"给"小猪"做按摩的动作,随后"狐狸"又左右两边跑,做找食物和做食物的动作,然后把"小猪"又搬回椅子上,喂"小猪"吃东西,"小猪"做吃东西的动作。"狐狸"又说"我要把你放进烤箱了"结果发现抱不动"小猪",便搬来小椅子让"小猪"坐下。"小猪"说:"我是一只很肥的小猪,你不想给我按摩按摩吗?"于是,"狐狸"卖力地给"小猪"又押胳膊又拉腿,按摩头和捶背。最后,"狐狸"累倒在地上,小腿还做抽搐的动作。

"狐狸"在做"捡柴烧火"的动作

"狐狸"抱不动"小猪"

我看懂

1. 兴趣与专注度

扮演狐狸的小男孩一直很投入、很卖力地在表演自己饰演的狐狸,并且乐在其中,用自己的动作来展现故事环节中狐狸要做的事。比如,给小猪按摩、洗头、捡柴火、吹火、拎水的动作重复做了三次。通过他的动作表现能看出他对该绘本故事和表演该故事的喜爱与投入,而且在180秒的视频中,该幼儿有160秒的时间都在投入地表演,而且一直是愉悦的表情。

2. 解决问题

"狐狸"要把"小猪"放进烤箱,准备抱起小猪却发现抱不动,于是灵活调整,搬来一把椅子让"小猪"坐下,假装把"小猪"放在烤箱里。

我所思

幼儿在整个活动中表现出较高的兴趣和专注度。根据故事的情节发展,幼儿能灵活调整、发现的问题,完成故事表演。在以后的活动中,教师可以多鼓励幼儿锻炼随机应变的能力,根据幼儿的兴趣以及专注力,继续拓展幼儿的相关经验。

北京市朝阳区福怡苑幼儿园　韩　静　徐凯萍　闫慧芳

白羊村的美容院

游戏主体:大班幼儿

游戏精彩回放与聚焦点:角色语言、角色行为

我看见

旁白:在青青草原上,来了一位神秘客人。

"美容师"戴着假发,提着"发型箱"走到舞台中央说:"大家好!我是刚从外国回来的美容师。白色羊毛最老土,拥有一身精心设计过的花色羊毛才最时尚。"边说边扬起下巴摸了一下自己蓝色的假发套。

这时森森、童童、小语、小仪扮演的四只小羊围到了"发型师"的身边,七嘴八舌地说了起来:"这个人可真奇怪,蓝色的毛还卷卷的。""还穿着黑色的披风。"小语扮演的小羊说:"我们有个问题,你是从哪里来的呀?"其他三只"小羊"一起回应说:"对呀,对呀,说说吧!""美容师"说:"我是从外国回来的美容师,如果你们想把自己打扮得漂亮一点,可以来找我做发型。"

"美容师"的装扮

四只"小羊"好奇地围着"发型师"

四只"小羊"边往旁边走边说:"我们先商量一下吧,看看谁先去呀。"小语、童童、小仪对森森说:"你先去吧,你先去吧。"森森笑着点了点头,走到"美容师"身旁说:"美容师,你看我做个什么样的发型好看?""美容师"看了看森森扮演的小羊说:"做一个粉色的桃心发型,很好看。""好吧,那做一个吧。"

"小羊"找"发型师"沟通发型

森森说着转过身背对着"美容师"。"美容师"从"发型箱"中取出从班级中收集来的各种材料,来充当"卷发棒""染发工具"等,在森森扮演的小羊头上一会儿梳,一会儿卷,一会儿滚。

发型做好了,森森扮演的小羊笑眯眯地提着裙子走到舞台中央说:"我刚从美容院出来,美容师给我设计了一个爱心形的发型,还有一点卷,你们看好看吗?"边说边用手在头顶做了一个心形的动作,接着走下了台。

"发型师"给"小羊"做发型

"小羊"介绍自己的发型

同时童童扮演的小羊提着小包,走到"美容师"旁边说:"美容师你能给我做一个绿色的、直的发型吗?""美容师"说:"可以。"说着从"发型箱"中找出不同的"工具"在童童扮演的小羊头上"做发型"。做完后,童童扮演的小羊提着小包开心地走到舞台中间说:"我刚从美容师那里回来,美容师给我设计了直的还有绿色的发型,你看我美吗?"边说边转了一圈,还做了一个公主蹲的动作。

我看懂

"白羊村的美容院"是大班幼儿根据绘本延伸而来的,该表演是绘本内容的第一幕,表演时间共计180秒,幼儿在角色游戏中表现出了以下两方面的特点。

1. 幼儿的语言符合角色特点,具有一定的表现力

参与游戏的5名幼儿在180秒的表演时间内用不同的语气、语调说出了符合角色身份的语言共计14次。如"美容师"介绍自己时说:"大家好!我是刚从外国回来的美容师……"语言表达自信,符合美容师的角色。其他"小羊"围到"发型师"身边七嘴八舌地问时,"小羊"们的语言充满惊讶、好奇,充分地表现了角色的性格特点,生动形象且富有表现力。

2. 表演时幼儿角色动作丰富,能够深化表演内容

幼儿在扮演各自角色时均有较为丰富的肢体动作。例如:"美容师"戴着假发,提着"发型箱"走到舞台中央,扬起下巴,摸了一下自己的假发套进行介绍;"美容师"给不同的"小羊"做发型时运用低结构材料充当"卷发棒""染发工具",一会儿梳,一会儿卷,一会儿滚,投入地给"小羊"做头发等。这些都体现出了幼儿对绘本故事的理解较为到位,能够根据故事的发展,用符合角色的行为去大胆地表现。

森森扮演的小羊做完发型后,边说边用手在头顶做了一个心形的动作;童童扮演的小羊做完发型后,边说边转了一圈还做了一个公主蹲。这些是幼儿在理解故事的基础上进行的创造性表现,是更加深入的角色行为。

我所思

1. 角色语言

幼儿在之前表演时角色语言匮乏,此次表演是在教师的带领下形成的。在活动后可以让幼儿对比两次表演视频,让其从中感受到角色的语言需要根据故事内容、角色的特点去细化丰富,帮助幼儿在日后的表演游戏中角色语言更加生动。遇到需要改进的语言时,教师可运用启发性的提问,让幼儿一起想、一起尝试,锻炼幼儿生发出更多的创造性语言。

2. 角色行为

在表演游戏中,"美容师"的"美容院"没有相应的场景布置,"小羊"只能站着做发型。做完发型后,"小羊"们的发型却没有改变,从中显现出幼儿的相关经验不足。教师可以在活动前运用不同的形式丰富幼儿的社会经验,如通过谈话、视频、照片等方式,和幼儿一起了解"美容院"都有什么,做发型有哪些环节等。帮助幼儿在角色动作、行为上更加丰富、有表现力,让表演游戏更加生动有趣。

北京市海淀区美和园幼儿园　韩伟巍

"三打白骨精"的创意表演

游戏主体：扮演孙悟空、小男孩、唐僧、猪八戒的幼儿
游戏精彩回放与聚焦点：角色意识、语言特点、情感表现

我看见

"孙悟空"去摘果了，"白骨精"看到"唐僧"和"猪八戒"坐在地上休息，灵机一动说："让我变成小男孩请他们到家里来做客，善良的唐僧和贪吃的八戒肯定看不出来，变！"说完，变成"小男孩"走到"唐僧"和"猪八戒"面前说："师傅，你们饿了吧？我家就在前面，到我家吃午饭吧？""猪八戒"听后连忙用憨憨的粗声高兴地说："好呀好呀！师傅，猴哥还没回来，咱们去他家先吃点吧，嘿嘿（做傻笑状），我都饿了！"说着拉着"唐僧"就要走。

小男孩和唐僧、猪八戒的对话演绎

正在这时"孙悟空"摘果回来了，一看"唐僧"和"猪八戒"正要走出之前给他们画的保护圈，着急地大声喊道："住手，你们要到哪里去？""唐僧"一看"悟空"回来了，说："悟空，你回来

孙悟空和唐僧在对话

得正好,我们要到前面的村庄做客。""悟空"赶紧说:"师傅,不能去,这里哪有什么村庄,他分明就是妖精变的。"说着举起金箍棒就要打。

我看懂

本次游戏节选了两个片段、四个角色的表演过程,游戏演绎中表现出以下三方面的特点。

1. 角色意识

四位扮演者都能对自己的角色认识明确。例如,"猪八戒"用憨憨的粗声说话;"孙悟空"说话语速较快,着急时会抓耳挠腮;"小男孩"的角色是孩子们根据以往剧情中的"小姑娘"自己创意出来的新角色,在剧中"小男孩"能演出天真善良的形象来迷惑"唐僧"和"猪八戒"。几位幼儿都能表现符合情境的对话和行为。

2. 语言特点

在这段新的剧情表演中,四位扮演者基本上能依据剧情说出自编的台词与角色语言。例如,"小男孩"用"请大家回家做客"的语言引诱"唐僧"和"猪八戒"上当;"猪八戒"因为贪吃,不顾安全、着急着主动答应的语言。这些自编台词的语言不仅符合剧情,也符合人物的角色特点。

3. 情感表现

上述的游戏场景中,四位幼儿在演绎时根据情节的需要有高兴的、有紧张的,幼儿一直处于积极投入的演绎中。

我所思

创意剧情需一方面把握好故事人物角色的性格特点,另一方面需要创造剧情的语言和情节。所以,教师不仅要带领幼儿分析不同角色、不同性格人物的特点,还要鼓励幼儿对原有剧情进行情节和台词的大胆创编。这就需要教师在日常区域游戏中提供更多的适合幼儿演绎的绘本剧,鼓励幼儿多尝试表演不同的角色,积累语言词汇,丰富幼儿的表演经验。教师还要有一双观察的慧眼,发现幼儿感兴趣的绘本剧,支持他们进行仿编、创编。

北京市海淀区美和园幼儿园　汪绪娟

老鼠娶新娘

> 游戏主体:扮演村长、乌云、风的幼儿
>
> 游戏精彩回放与聚焦点:角色意识、语言特点、情感表现

我看见

"村长"背着行李走到"乌云"跟前说:"我是老鼠村的村长,请问乌云先生,你是世界上最

强的吗?""乌云"一边晃动着自己手中的"云朵"一边说:"当然喽,我是世界上最强大的,我能把太阳的光遮住。""乌云"说完望着旁边的"风",并用眼光提醒"风"该上场了。

"村长"和"乌云"在对话演绎

"风"看见之后,披着白色的纱巾道具双臂张开跑了过来。"风"一边追赶着"乌云",一边嘴里吹出呼呼的声音。他们绕着"村长"跑了三圈后,才停下来(乌云下场)。"村长"看看"风"问道:"我是老鼠村的村长,请问风先生,你是世界上最强的吗?""风"偏着头看向"村长"说:"当然啦(停顿,做思考状),世界上(停顿,做思考状)我是第一强,(提高声音)我能把人的房子吹倒(边说边双手向前推),当然也能把你吹回家。""风"一边说着,还一边用拿着纱巾的右手指着"村长",说完后还鼓起腮部假装吹风的动作吹向"村长"。

"村长"和"风"在对话演绎

我看懂

本次游戏节选了三个角色的表演过程,角色分别是老鼠村的"村长""乌云"和"风"。扮演"村长""乌云"和"风"的幼儿,在没有老师的引导和参与下,在游戏演绎中表现出以下三个方面的特点。

1. 角色意识

三位扮演者角色认识明确。例如:"村长"从打扮、动作和台词上都表明了自己的身份,说到"我是老鼠村的村长";"乌云"一直双手高举着"云朵"左右晃悠,来假装遮挡"太阳"的光;"风"借用质地轻盈的纱巾,假装像风一样飘过来,并在演绎中加入吹的动作和声音来强化自己的角色。

2. 语言特点

扮演者能够说出符合剧情内容的角色语言,在对话中还加入了肢体动作来辅助语言,使语言更加形象。如"风"的扮演者说"当然啦!我能把人的房子吹倒",并用嘴吹出风的呼呼声,用双手做出推倒的动作。

此外,在演绎中三位扮演者都能够大胆自如地与同伴对话,对话积极主动,没有教师和同伴的提醒,还能够自编台词。如"风"在与"村长"对话时有两次停顿,经过思考后说出了符合角色身份的台词。

3. 情感表现

在上述游戏场景中,不论是扮演"乌云"还是扮演"风"的幼儿,在与"村长"对话时一直都是面带笑容,处于积极愉悦的状态。"风"追赶乌云时绕了三圈多,边跑边吹,"乌云"和"风"都很享受追赶的过程。"风"在与"村长"的对话中还不由自主地加上了双手推的动作、身体前倾吹的动作和模拟的风声,都能看出幼儿在游戏中的积极状态。

我所思

整个游戏过程,都是幼儿自由自主地演绎,每个环节衔接流畅。所以,在游戏中教师可以不用主动参与,只要幼儿之间能够有语言、动作或者眼神的提醒,能将游戏独立完成,教师完全可以退到幕后观察。

游戏中幼儿的参与性很强,但是整个演绎对幼儿的挑战性不够。后期,可以引导幼儿丰富表演的故事情节和增加台词的创编。

北京市海淀区美和园幼儿园　汪绪娟

自主游戏中的"三打白骨精"

游戏主体:扮演猪八戒、唐僧、孙悟空、姑娘的幼儿
游戏精彩回放与聚焦点:教师支持、角色语言、互动语言

我看见

师徒四人陆续走出来,穿黑色衣服、扮演"孙悟空"的男孩要去周边打探情况:"这个山头可能有蛇,我去给你看看。"扮演"猪八戒"的小女孩高兴地回应道:"好!""孙悟空"转身刚要

走,扮演"唐僧"的穿红披风的小女孩提醒道:"你得先画一个圈啊。"同时,伸出手指在空中比划了一下。

"师父"提醒"孙悟空"画圆圈

"孙悟空"赶紧用金箍棒在地上绕着师徒二人画了一个圆圈。"唐僧"说:"好了,我该盘腿坐地上了。""孙悟空"笑着对"唐僧"说:"你盘腿坐地上,然后开始念经。""唐僧"回答说:"但是我不会念经啊。"这时,"猪八戒"和"孙悟空"都双手合在胸前,告诉"唐僧":"你就这样就行。""猪八戒还发出了嘤嘤的念经声。"于是"唐僧"盘坐在地上,摆出了念经的动作。

"孙悟空"和"猪八戒"示范念经的动作

"唐僧"向"姑娘"表示谢意

随后"唐僧"招呼"猪八戒":"你也坐下来。""猪八戒"听到后开心地坐在了"师父"的旁边开始念经。不一会,穿着粉色服装的"姑娘"一手拿着篮子,一手举着雨伞来到了"唐僧"身边。"猪八戒"着急地说:"不,你先去候场,我一会就回来。"说完便起身跟"姑娘"一同离开舞台。再次上场时,"猪八戒"喊道:"师傅,饭来了!""师父"起身回应道:"徒弟,这么久才回来。"随即转向"姑娘"说道:"多谢姑娘。"

表演区 游戏观察与分析

轮到"猪八戒"说话时,"猪八戒"却支吾着:"额——就是。"这时,"姑娘"凑过身去,小声提醒"猪八戒"说台词。可还没来得及说完整,"猪八戒"就大声说:"唐僧肉有什么好吃的,哪比得上米饭。啊,桃子占肚子,哪比得上米饭啊。"

"姑娘"提醒"猪八戒"说台词

这时,"孙悟空"从后台递来东西,并小声又急促地说:"这是你的拐杖。""猪八戒"和"姑娘"伸手又将拐杖退了回去,"猪八戒"偷偷笑着说:"现在还没演到呢。"三个人互相对视一下,"唐僧"和"猪八戒"同时伸手指着"姑娘"说:"你说。""姑娘"刚把台词说到一半("我的家住在……")又停住了,凑到"唐僧"身旁提醒:"你说你的家住在哪。""唐僧"回答:"不对,我是唐僧。""姑娘":"对,你说我的家住在哪。""唐僧"这才明白,并问"姑娘":"你的家住在哪?"姑娘回答:"我的家住在那座高山上,名叫白虎岭,那里可凶险了。"

"姑娘"提醒"唐僧"说台词

> **我看懂**

1. 教师支持

在表演的过程中,教师全程没有介入,说明幼儿是在自主情况下完成游戏的。教师能够充分尊重幼儿,在道具的提供方面给予幼儿游戏前期的有力支持。

2. 角色语言

整个的表演过程,四名幼儿基本能够根据情节发展说出相应的角色语言,说明孩子们的角色意识较为清晰。特别是"姑娘",全程都能以角色的语言来表演,有时还能提醒他人的角色对话。同时,部分孩子有深化表演的意识,如"猪八戒"大喊:"师父,饭来了!"有意识地升高语调,说明该名幼儿对"猪八戒"角色的语气变化有深入的了解。此外,部分儿童有时需要在同伴提示下说出相应的角色语言,如"猪八戒"和"唐僧"分别有一次忘记台词。说明这两个幼儿对于该游戏的内容还不太熟悉,但是他们在同伴的小声提醒下,都能很快想起,并完整地讲述出来,使整个表演顺利进行下去。

3. 互动语言

除了角色语言之外,表演过程中也出现了几次同伴间的交流性语言,如"但是我不会念经啊""你就这样念就行"等。这些说明,当孩子在遇到表演问题时,其他幼儿能积极提供帮助,给予提醒或建议,促进游戏顺利开展。由此看出,这些幼儿具有友好合作的意识,因而促使游戏的氛围轻松愉快,每名幼儿都不介意表演的结果,充分享受着游戏带来的乐趣。

我所思

1. 多种方式帮助幼儿熟悉故事情节,助推游戏更加顺畅

本游戏中,幼儿对《三打白骨精》故事情节的熟悉程度还是有一定差别的。有些幼儿能游刃有余地表演,而有些幼儿则比较生疏。这时,教师可以运用多种方式帮助幼儿熟悉故事情节。例如,教师可以邀请幼儿多次观看动画片,组织幼儿一同商讨情节等,加深幼儿对剧情的熟悉程度。此外,在表演前教师可以组织幼儿共同计划,鼓励熟悉情节的幼儿(如姑娘)带领不太熟悉情节的幼儿讨论"演什么角色,什么时候出场,出场时要说些什么、做些什么",帮助幼儿加深对角色的认知,助推游戏表演更加顺畅。

2. 有意识地鼓励幼儿生动表演

表演游戏中,孩子对角色的特点与性格了解越深入,对角色进行生动刻画与创意表演的能力则会越强。教师可以在孩子们观看动画片后,有意识地组织幼儿玩一些动作模仿游戏,如"八戒走路、唐僧仪态",帮助幼儿进一步理解人物形象,为生动表演奠定基础。

北京市海淀区美和园幼儿园　王　麒

西 游 记

游戏主体:扮演孙悟空、唐僧、白骨精的幼儿

游戏精彩回放与聚焦点:角色语言、同伴语言、自言自语

表演区 游戏观察与分析

我看见

扮演"孙悟空"的小蓝手握金箍棒,弯腰捧起一个腰鼓放在场地中间说:"师父你看,这是什么?"说完用金箍棒敲鼓一下,抬头看着"唐僧"。"唐僧"没说话,"孙悟空"又敲了一下鼓,然后伸手指了一下"唐僧",示意该他说话了。

"孙悟空"用鼓当作白骨精化成的骨头

这时"白骨精"笑着说:"哎呀,你从我的洞里偷鼓干什么?""唐僧"说:"什么偷鼓啊?那是骨头。""唐僧"跑到"白骨精"后面轻轻推着她说:"老奶奶,该你啦!""白骨精"身披着粉色纱巾弯着腰,手拄着一块长条积木(当作拐杖),边一摇一摆地走边说:"女儿啊女儿,你怎么死得这么惨啊?"

"白骨精"用积木当作拐杖弯腰走上台

说完回头看"唐僧","唐僧"笑着走到"白骨精"前面说:"你女儿是我徒弟打的。"然后招手笑着说:"孙悟空你过来,上我这来啊!""孙悟空"拿着金箍棒跑出来,问:"我打了啊?""唐僧"笑着说:"哎呀,你先别打。你先看看啊!"同时用手绕圈向"孙悟空"示意,"孙悟空"走上前伸出金箍棒,"唐僧"又提示"孙悟空"说:"你先看看!"边说边用手做绕圈的动作。于是"孙悟空"围着"白骨精"蹦跳着又绕了一圈。

"唐僧"在指挥同伴表演

"唐僧"大声示范说:"妖精,看招!""悟空"马上重复说:"妖精,看招!"边说边用金箍棒打了"白骨精"手里的拐杖一下,"白骨精"马上趴在地上,并把摔在一边的积木拖到头下面,嘴里嘟哝着:"我得垫个东西。"

"白骨精"被打后倒在地上

"唐僧"笑着走到"孙悟空"面前说:"悟空,你行凶杀人,我不要你了!我要念上紧箍咒20遍!"说完盘腿坐在旁边双手合十,闭上眼睛嘴里还嘟哝着。这时,"孙悟空"立刻放下金箍棒,双手抱头躺在地上左右翻滚,并说:"师父别念啦!别念啦!""唐僧"笑着小声说:"唉,20遍还没到呢!"说完继续念叨。

孙悟空被念紧箍咒倒地打滚

"唐僧"又持续念了十几秒之后,他笑着用手示意"孙悟空":"好了,结束啦!"于是两人起来笑着摘下围巾和披风退场。

🟢 我看懂

1. 角色语言

三名幼儿在表演中很清楚自己的台词是什么,能够进行对话表演,说明幼儿对剧本非常了解,并能记住自己说的话。其中"白骨精"还调整了声调,说明她对角色非常了解,并能用自己的方式进行创造性表演,使角色表演更生动。但"孙悟空"和"唐僧"则欠缺对自己台词的艺术处理。

2. 同伴语言

表演中,当幼儿不确定自己出场或表演时机时,多次出现了同伴间的询问及提示性语言,语气平和友好,说明幼儿之间能够合作互助,同伴关系和谐。但是,也看出了个别幼儿在表演中还不是很自信。

3. 自言自语

表演中,"唐僧"和"白骨精"分别出现了1次幼儿的自言自语,说明幼儿在表演游戏中对自己的角色有较高的认可度,且愿意表演、表现。另外,说明这两名幼儿善于表达,具有一定的灵活性和幽默感。

🟢 我所思

在幼儿的表演游戏中,时时处处渗透着幼儿的语言表达,我们可以从中看出不同幼儿的语言表达能力是有着明显差别的。对于语言能力强的幼儿,我们可以鼓励他们在集体中做示范表演,引导其他幼儿学习。同时,教师可以鼓励、引导他们在原有剧本基础上创编台词,以及创造性演绎新剧情等,从而使表演游戏更丰富、有趣,促进他们在原有水平上提高。而针对"孙悟空"这样不善于表达的幼儿,教师可通过生活中的其他环节,如看图书、讲故事、新闻播报、报菜名等多种途径,发展幼儿表达能力,并鼓励幼儿大胆表现、积极评价,从而树立表演的自信心。

北京市海淀区美和园幼儿园　齐春婷

白雪公主过生日

> 游戏主体：妞妞、沛沛
> 游戏精彩回放与聚焦点：台词创编

我看见

四位小朋友在表演区拿起材料开始表演自编故事《白雪公主过生日》。

"小熊"来到"白雪公主"家敲门

小黄熊（妞妞饰）："咚咚咚，咚咚。"

白雪公主（沛沛饰）："谁啊？"

"小黄熊"面露微笑地靠近白雪公主，说："我是小熊。"沛沛将手中的白雪公主手偶向后移动说："小熊，又来了一位小熊，白雪公主开开了门。"

"小黄熊"拿出一面镜子（当作生日礼物）说："白雪公主，祝你生日快乐！这面镜子送给你。"

"白雪公主"将手中的手偶面对"小黄熊"和镜子说："谢谢！"紧接着提醒"小黄熊"说："你把它举高点、举高点儿。"然后，"白雪公主"说："这些金银财宝，都是送给您的，您收下吧！"

"小黄熊"依然高举着镜子说："谢谢！""白雪公主"拿出"金银财宝"说："你们每个小动物都有。"（其他三个小动物顿时都把目光投向白雪公主手中的"金银财宝"）"白雪公主"说："我来给你们分一分，你们可以拿着这个（举起一个小手链），你们石头剪刀布，谁赢了谁拿着吧。你们同意吗？""白雪公主"小声说："你们说同意。"

"小黄熊"送把镜子当作生日礼物送给白雪公主

"小黄熊"两只手依然举着自己的镜子和小熊手偶，半蹲在地上，侧着身子面向"白雪公主"说："同意。""白雪公主"说："那你们看看吧！"

我看懂

在游戏过程中，幼儿根据手偶及故事剧情，结合自身的兴趣和生活经验，进行自编的故事表演"白雪公主过生日"。整个过程中的台词都是由幼儿自主创编并进行合作表演的，关于"过生日""送礼物"等的角色语言及角色行为都是幼儿自主想象和创设的，演绎了为白雪公主过生日的生动的故事情境。

我所思

幼儿以生活经验为题材进行故事创编，以他们熟悉的小手偶来进行角色表演，幼儿自编台词，进入角色体验。通过扮演白雪公主的小朋友的角色语言以及演绎剧情的自编台词，可以看出幼儿在根据生活经验进行剧情的演绎，同时能很清晰地表述出剧情中的每个环节发展。教师可以及时鼓励幼儿自编台词的行为，并在之后的活动中提供丰富的材料支持幼儿创编。

北京市朝阳区福怡苑幼儿园　韩　静　闫慧芳　徐凯萍

白雪公主与猎人

游戏主体：沛沛、妞妞、心心
游戏精彩回放与聚焦点：角色语言

观察点亮游戏

我看见

旁白(沛沛陈述):"她的父亲娶了一个新的王后。(王后与魔镜上场)虽然那个王后长得很漂亮(王后开心地扬起了头),但是她的心肠很不好,她带来了一面镜子。你听,她说的是什么?"

王后(妞妞饰)坐在椅子上,面带微笑问魔镜:"魔镜魔镜,谁是世界上最漂亮的女人?"

王后问魔镜:"谁是世界上最漂亮的女人?"

魔镜(心心饰):"当然是您了!但是白雪公主比您更漂亮。"
王后(着急地)说:"你说——你说她比我漂亮1 000倍?"
观众:"100,100。"
旁白:"然后呢,你说'来人'!"
王后(从椅子上站了起来,很生气)说:"来人。"
旁白/观众:"猎人呢?"

王后对猎人说:"我要把白雪公主给杀了!"

观众:"小糖糖,上场啊!"(糖糖饰演的猎人上场,魔镜下场。)
王后(对猎人说):"你跪下!"
猎人(面对王后单膝着地)说:"王后陛下,您找我有什么事儿吗?"
王后说:"我要把白雪公主给杀了!"
观众(对着王后)说:"金子呢?给她(猎人)呀!"
王后(单手伸向猎人微笑着)说:"给,金子!"

我看懂

幼儿能根据自己熟悉的故事内容进行角色扮演。在102秒的活动中,将幼儿角色语言进行频次统计,以10秒为一单位,结果如下表。

聚焦表演游戏的统计分析

观察项目	说　　明	姐姐	心心	糖糖	沛沛	总计
角色意识	符合情节的假装或想象性行为	4	1	1	2	8
行为表现	与同伴互动	5	1	1		7
	深化或拓展主题	1				1
语言	说出角色语言	5	1	1	2	9
	自编台词	4		1	2	7
	与同伴对话	4	2	1		7

1. 角色意识

大班幼儿有着自己对角色的理解,较多地表现出符合情节的假装或想象性行为,表现出较强的角色意识。

2. 行为表现

幼儿能与同伴进行良好互动,合作完成表演。但是,幼儿深化和拓展主题次数仅为1次。

3. 语言

大班幼儿能说出符合角色的语言,并且能进行台词创编。比如,"比白雪公主漂亮1 000倍""我要亲自去杀了她""金子"等。其中,幼儿说出角色语言的次数多于自编台词的次数。

我所思

大班幼儿在表演过程中进行台词创编是其自主游戏的表现,符合本年龄段幼儿的发展特点。但是,幼儿深化和拓展主题的次数仅为1次,说明幼儿可能对于剧情的拓展与创编缺乏相关经验。在之后的教育活动中,教师可以通过提供大量文学作品,强化幼儿自编台词的行为,支持幼儿大胆表现,丰富幼儿创编故事情节的相关经验。

北京市朝阳区福怡苑幼儿园　徐凯萍　韩　静　闫慧芳

观察点亮游戏

小蝌蚪找妈妈

游戏主体：哞哞、糖糖、洋洋、伊伊
游戏精彩回放与聚焦点：游戏材料的选择与使用

我看见

旁白（哞哞）："完美的夏天，青蛙妈妈生出了好多的卵。有一天小蝌蚪出生了，要去找它的妈妈了。"

"小蝌蚪"（糖糖饰）两手背后，手中攥着黑色的衣服（垂在身后当作尾巴），弯腰低头微笑着在舞台中央打转（在水里游）。

旁白："它遇到了一条金鱼（洋洋饰，用粉色头纱绑在后背，当作金鱼尾巴）。"

"小蝌蚪"攥着黑色衣服当尾巴

"小蝌蚪"问"金鱼"："妈妈，妈妈，你是我的妈妈吗？"

"金鱼"："不对、不对，你的妈妈长着白白的肚皮，绿色的衣服，大大的眼睛，所以我不是你的妈妈（'乌龟'背着绿色的纱布同时上场）。"

"小蝌蚪"继续游来游去，看到了"乌龟"（哞哞饰）便问："妈妈，妈妈，你是我的妈妈吗？""乌龟"背着绿色的"龟壳"，弯腰看着"小蝌蚪"："我不是你的妈妈，你的妈妈眼睛鼓鼓的，我不是你的妈妈。""小蝌蚪"正要游走，突然转身问"乌龟"："那你知道我的妈妈在哪儿吗？""乌龟"说："我不知道（乌龟游走）。""青蛙妈妈"（伊伊饰）把一片绿色的纱巾摊开放在舞台上，这时"小蝌蚪"也丢去了身上黑色的尾巴并继续游走，看到"青蛙妈妈"坐在荷叶上便问："妈妈，妈妈，你是我的妈妈吗？"

"青蛙"笑着回答说："是呀！"

"小蝌蚪"："可是，我为什么跟你长得不一样啊？"

"青蛙"用绿色纱巾当荷叶

"青蛙":"因为你没长大啊,你长大了就会变得跟我一模一样了呀!"
"小蝌蚪"开心地跳着说:"我终于找到你啦!"
旁白:小蝌蚪和青蛙妈妈开始了幸福的生活。

我看懂

幼儿根据自己感兴趣的绘本故事《小蝌蚪找妈妈》,分成小蝌蚪、金鱼、青蛙等角色进行表演。

表演过程中使用的材料有五种,包括服饰类,如黑色和绿色衣服、粉色和绿色纱巾;道具类,如话筒等。幼儿结合每个小动物的特点进行了相应的装扮,如"金鱼"将粉色的纱巾系在身后当作尾巴,"青蛙"将绿色的纱巾铺在地上当作荷叶。

扮演者能根据故事情境和情节发展调整材料的使用方式,如"小蝌蚪"穿着黑色衣服代表其皮肤颜色,双手背后将衣服攥在一起象征尾巴,在遇到"青蛙"后又将黑色衣服逐渐退去,以示长大。整个过程中,"小蝌蚪"运用黑色衣服呈现了其生长变化的过程。

我所思

表演过程中运用到的低结构材料,可以有效支持幼儿的创造性想象,推动故事情节的发展,符合大班幼儿进行创造性游戏的兴趣和年龄特点。教师在材料投放的过程中可以适当提供低结构材料,满足幼儿游戏需要。

北京市朝阳区福怡苑幼儿园　徐凯萍　闫慧芳　韩　静

体能区

游戏观察与分析

小班

炸 碉 堡

游戏主体：燃燃

游戏精彩回放与聚焦点：投掷能力

我看见

游戏一开始，老师请幼儿站到黄线上，面向半球攀爬架。老师对小朋友说："小怪兽就在那个小碉堡里，今天我们来当小超人，我们的任务是炸掉小怪兽的碉堡！加油！"小朋友们听到后纷纷拿起手中的网球开始尝试掷远练习。

燃燃跟随老师第一次练习投掷

老师和小朋友们一同站在黄线上,并提问:"小超人们用手指一指怪兽的碉堡在哪里?"小朋友们随即用左手指向半球攀爬架。老师边做边说:"好!像我一样把手里的小炸弹举到脑后,小脚一前一后,我们一起炸碉堡吧!"只见燃燃模仿老师右手举起网球,左脚向前迈了一小步,左手指着碉堡,在老师喊到3时,使劲将手臂向前抡到胸前位置时松手,网球向近处地面砸去。老师见状说:"小手挥到最高处时就松手才能扔得远,我们再试一次。"燃燃依旧将网球砸向地面1.5米远处。

老师再次创设情境指导燃燃练习投掷

老师将木梯移到了距半球攀爬架5米远的地方,小朋友们神秘地说:"小怪兽们发现我们要炸掉它们的碉堡,就在这里建了个围墙,我们要把炸弹扔过围墙才能炸到碉堡哦!"轮到燃燃时,老师帮助她把右手拉伸到头后并告诉她:"要把炸弹扔过围墙哦!"燃燃这次将网球投到距自己3米远处。老师赞扬道:"燃燃扔过围墙了,真棒!"

老师提高木梯高度指导燃燃再次练习

老师用轮胎垫起更高的围墙对小朋友们说:"小怪兽们又把围墙建高了,看看哪个小超人能够把炸弹扔过去炸到碉堡?加油!"燃燃再次走到木梯前面说:"好高啊!"老师抓住燃燃举过头顶的胳膊帮她找到最佳投掷点,说:"胳膊到这儿时就松手往前投,肯定行!"燃燃果然

将网球高高地投过了围墙,投到距自己4.5米远处。老师惊呼道:"燃燃成功啦!"燃燃和老师一起开心地笑起来。

我看懂

1. 聚焦幼儿投掷能力发展

燃燃第一次模仿教师投掷时挥臂的方法及投掷的时机把握不准,在教师讲解后并未完全理解,有将物体往下扣的错误动作。当教师设置道具后,燃燃能根据木梯高度调整投掷点,并将网球投掷到3米处。教师增加木梯高度后,燃燃在教师的引导下找到了最佳投掷时机,将网球投到4.5米处。

2. 聚焦教师

(1) 创设情境化游戏

角色游戏深受小班幼儿的喜爱,教师为增强小班幼儿投掷练习活动的趣味性,创设小超人打小怪兽的情境,将扔炸弹炸碉堡的动作融入到投掷游戏之中,这样大大激发了孩子们主动练习投掷活动的热情。孩子们比着看谁能炸到碉堡,体验着投掷的乐趣。这样不仅锻炼了孩子们投掷的技能,而且更充分地享受到游戏带来的快乐。

(2) 巧用道具

教师为纠正部分小班幼儿投掷时将物体往下扣等错误动作,巧用木梯设置高度,引导幼儿找到最佳投掷点。

我所思

小班幼儿处于具体形象思维阶段,简单的语言讲解和示范不能使幼儿清楚地理解动作要点,也容易让孩子在聆听过程中产生消极等待现象。因此,教师创设有情节、有角色、有材料的游戏化活动,吸引幼儿兴趣点的同时根据幼儿动作发展有层次地改进道具,从而帮助幼儿理解动作要点,发展投掷能力。

北京市朝阳区泛海幼儿园　海星梅

走 小 桥

> 游戏主体:QQ(幼儿)
> 游戏精彩回放与聚焦点:平衡动作

我看见

室内体育活动中有一条路线是用两把小椅子对着摆拼而成的小桥,老师对小朋友说:"宝贝们,前面有一条小河,我们要走小桥来通过小河,走的时候要注意安全哦。"

QQ 第一次走小桥

  QQ 来到椅子前,只见他扶着床栏杆迈上椅子后,全身较紧张。他耸着肩,膝盖有些弯曲着慢慢蹭着向前走,老师见状对他说:"QQ 别怕,你试试把胳膊伸平,就可以走得很稳哦!"QQ 听到后尝试伸平手臂掌握平衡,但不由自主地低头看脚下,双脚不敢交替行进而是双脚并排一小步一小步地向前挪着走,小手时不时地还想抓着床栏杆走。随后,又这样进行了一次游戏。

QQ 再次走小桥

  过了一会儿,QQ 又来到了小桥前面,准备玩游戏。这次旁边的小朋友把 QQ 扶上了小桥,但 QQ 刚走了一步后就松开了小朋友的手,并尝试着把小手伸平自己走。老师见状后及时鼓励 QQ:"你看,你比上次走得稳多了,这次能不能试试只走一边的小椅子呢?"QQ 点点头,在没人帮助的情况下尝试两脚交替着小步地走过了小桥。老师高兴地拍了拍他的肩膀,他高兴地又去排队玩游戏了。

QQ 最后一次走小桥

等小朋友们玩过几轮游戏时,老师对小朋友们说:"哎呀,小河的水越来越急了,我们的小桥都被冲得变窄了!怎么将小桥变窄呢?"老师请承担保护任务的小朋友想办法将小椅子摆成了窄的小桥,又对走小桥的小朋友说:"这回小桥变窄了,你们可以双脚交替往前走,手臂伸平可以帮助你掌握平衡哦!"这次走在椅子上的 QQ 两腿舒展开了,他一上来就尝试双脚交替向前迈步。老师及时表扬了 QQ:"QQ 这次两手伸平,两脚交替,走得真稳,小朋友们可以看一看 QQ 是怎么走的。"听到了老师的话,小朋友们都像 QQ 一样走,QQ 自信快速地走过了小桥。

我看懂

1. 聚焦幼儿

(1) 平衡动作的发展。

QQ 第一次走椅子搭成的小桥时,表现为试探性地双脚并排向前移动,双手不自主地寻找保护来走过小桥。有了一次成功经验并知道走小桥的动作要领后,再次走小桥时表现为可以把小手伸平自己走,并初步尝试两脚交替小步地走过小桥。经过几次练习后掌握了动作要领,最后走变窄的小桥时表现为身体舒展、双脚交替快速通过小桥。

(2) 情绪变化。

QQ 第一次尝试走小桥时的动作反映出紧张不安、略带害怕的情绪,通过一次完整的体验和老师的鼓励后 QQ 乐于多次尝试,并随着动作要领的熟练表现出积极主动、敢于挑战的情绪。在获得多次成功体验及教师的表扬后,面对变窄的小桥 QQ 表现出大胆、自信、从容的情绪。

2. 聚焦教师

活动中,教师能有针对性地鼓励和引导幼儿。教师在活动中及时关注幼儿的发展水平和需要,通过鼓励性的语言引导幼儿掌握动作要领,并在观察到幼儿的变化后创设不同难度的游戏情境,激发幼儿的活动兴趣,鼓励幼儿大胆尝试,从而发展幼儿的平衡能力和自信心。

我所思

在体育活动中,幼儿会因为对某一技能或技巧无所适从而感到焦虑,甚至恐惧,从而出现不敢尝试及动作不协调的现象。因此,教师应多创设轻松、愉快的活动氛围,不但能让幼儿放松心情,愿意与教师亲近,还能使幼儿全身心地投入活动。在活动中教师抓住重点、难点,通过调整材料使游戏难度层层递进,既在不知不觉中提高了幼儿的平衡能力、协调能力,还激发了他们勇敢尝试活动的兴趣,体验到了体育游戏的乐趣与价值。

北京市朝阳区泛海幼儿园　海星梅

小青蛙学本领

游戏主体:老师、幼儿

游戏精彩回放与聚焦点:师幼互动、腿部力量的控制

我看见

青蛙妈妈(杜老师)一边招手一边说:"我的小青蛙宝宝快过来。"小青蛙们(幼儿)蹦跳着跳过来,围着青蛙妈妈。青蛙妈妈微笑着问:"小青蛙宝宝们,你们刚才是怎么跳着去取食物的呀?"小青蛙们没有说话。青蛙妈妈指着小青蛙们的小脚问:"你们的小脚跳的时候是什么

"青蛙妈妈"把"小青蛙"叫到自己身边提问

样的呀?"小青蛙们也指着自己的小脚说:"我的脚是并拢的。"青蛙妈妈一边做跳的动作一边说:"说得真好,就是双脚并拢跳。"

青蛙妈妈又指着荷叶问:"荷叶要是离得近,你们怎么跳呢?"芮芮说:"我会轻轻地跳。"依依说:"一使劲,就跳过去2个了,要轻轻跳。"边说边轻轻地双脚跳。

幼儿讲述双脚跳不同距离的荷叶时使用的力量不同

其他小朋友也跟着学。青蛙妈妈竖起大拇指说:"你们真棒。"接着又问:"有些小荷叶离得远,你们用什么办法跳过去的呀?"7只小青蛙跑到荷叶边回答:"我们就要使劲跳,使劲才能跳过去。"说着说着,有4名幼儿开始双脚并拢使劲跳,有2名幼儿边前后甩动胳膊边数1、2、3,数到3的时候使劲跳过去。

幼儿开始双脚并拢使劲跳

青蛙妈妈微笑着点头说:"我的青蛙宝宝们真棒,我们再一起去试试吧!"说完,小青蛙们都双脚并拢跳过不同距离的荷叶去取食物,距离近的轻轻跳,距离远的使劲跳。2分钟后,有8名幼儿坐到小椅子上休息,青蛙妈妈问:"你们怎么不去玩了?"木子回答:"我们太累的,腿都疼啦。"

我看懂

1. 师幼互动

在体能游戏中,教师以青蛙妈妈的身份与幼儿共同游戏,幼儿都在投入地扮演小青蛙,能形象地模仿青蛙宝宝跳。每当教师呼唤青蛙宝宝时,幼儿都会学习小青蛙跳过来回应教师。游戏中教师以启发性的提问方式,带领幼儿梳理了动作要领。例如,杜老师指着幼儿的小脚问:"你们的小脚跳的时候是什么样的呀?"小青蛙们也指着自己的小脚说:"我的脚是并拢的。"

2. 对腿部力量的控制

幼儿能够意识到移动式的身体动作,能控制腿部力量,并能根据距离的不同使用不同的力量进行双脚跳。例如,在杜老师提问荷叶离得近怎么跳时,依依说:"一使劲,就跳过去2个了,要轻轻跳。"在杜老师提问荷叶离得远怎么跳时,4名幼儿开始双脚并拢使劲跳。

我所思

在体能活动中,教师根据小班的年龄特点创设了"小青蛙学本领"的情景,让孩子们在游戏中学习。孩子们动作协调,要领清晰。这样的形式很适合小班幼儿,教师在进行教育活动时可多采用这种情景模式。在过小荷叶的时候,教师注重个体差异、注意孩子们的等待时间,提供了距离不同的小荷叶,让孩子们进行选择,可以感受到教师对每名幼儿的关注。在师幼互动时,适宜的提问启发了幼儿对动作的思考,也可以提高他们在游戏中的角色扮演意识,使幼儿更加投入玩游戏。所以游戏活动中教师的提问设计是非常重要的,活动前要设计提问的开放性、趣味性、层次性、启发性。在活动中,能明显感觉幼儿在跳跃时对腿部的力量控制得很好,有些幼儿还掌握了跳得远的方法,边前后甩动胳膊边数数。虽然爆发力很好,但持久性不足,需要教师为其创设锻炼的机会。例如,加强孩子们的活动量,增加活动时间,通过走、跑、跳的游戏锻炼他们的耐力。

北京市公安局幼儿园　白　静

暖暖的骑车游戏

> 游戏主体:暖暖
> 游戏精彩回放与聚焦点:空间概念、协调操控物体的能力、平衡能力

我看见

操场上,小司机们的车从各个方向开过来堵在了一起,暖暖的车子也被堵在里边。"嘀嘀,嘀嘀",暖暖看了看周围的车子,一边用力按了按自行车前边的横梁,一边学起汽车喇叭的声音。

暖暖被车子围困

孩子们听到了,纷纷快速地把车子挪开,各自开走了。接下来,暖暖沿着地面上画好的大圆圈外围开始骑车。他指了指大圆圈最外层的白线说:"这个是栅栏,要绕着它骑。"说完他真的开始绕着白线骑起车来,边骑车边不时地歪头看看白线再看看车子,双手握住车把随时调整着车子行进的方向,让它始终保持在圆圈外边一点儿的位置。

暖暖提出要绕着白线骑车

暖暖按照刚刚的方法骑了一会儿,接着把车停在圆圈外。一边双手用力把车头调整到对着地面上蓝色方块的方向,一边脚下蹬地扭转着车身,直到车子完全从蓝方块拐弯进圈里。

暖暖把车头转向蓝色方块

体能区　游戏观察与分析

"这个是进口,从这儿进来。"他抬头看了看我说。暖暖围着圈里转了一圈,把车停在了和蓝色入口相对的位置,这次把车头调整到刚好对准一块黄色方块的位置,稳稳地从这里骑车出去。"这个是出口,从这儿出来。"他又说。"哦!你设计了一个开车的规则,好厉害啊!"我称赞他说。暖暖听了笑着点点头,骑着车子走开了。

暖暖把车头对准黄色方块

暖暖把车子骑到靠近班级门口的一根又长又直的白线前。"这里是停车场,看,已经有车停在里边了。"暖暖指着白线后的位置说。说完,他把车子向前蹬的同时,调整好车把的方向,使车尾正对停车线。接下来,暖暖向后慢慢地倒车,边倒着骑边回头盯着车子后方,直到车子完全停进"停车场"里。

暖暖把白线后当作停车场

我看懂

1. 空间概念

暖暖能够熟练地以自身为中心区分前后方向,从而顺利完成前进、倒车等活动,并且准确地感知地面路线、骑车动作和距离之间的关系。通过目测估算目标物与车辆之间的距离远近,使自己和车辆始终保持在适当位置进行运动。

2. 协调操控物体的能力

暖暖能够依靠自己的努力使小车运动起来,顺利地按照行进路线需要调整车辆运动的方向和速度,动作协调地避开其他车辆。良好的手眼协调能力使他能够目光灵活地随目标

对象移动,进而准确地完成骑车前进、转弯、倒退等动作。

3. 平衡能力

暖暖在运动中身体两侧用力均衡,即使遇到转弯、倒退、停止等情形,也会根据情况调整身体姿态,始终保持着身体平衡,平稳地在场地上进行游戏。

我所思

相较于同年龄阶段的其他幼儿,暖暖的空间概念及平衡能力发展得更好,对器械的操控动作完成质量较高。学前儿童在器械操控活动中可发展手眼、脚眼的协调性,提高身体的灵敏性和平衡性,培养对物体移动的知觉和控制能力,形成形状、方位等空间概念。而身体控制和平衡能力是一项最基本的运动能力,也是能够完成身体移动和器械操控的基础。对于小班幼儿来说,借助游戏发展身体运动能力是我们的教育手段,丰富的游戏情节更有助于吸引他们参与到活动中来。可以在日常生活中以捉迷藏、寻找物品等方式提升幼儿对空间方位的认知,开展走窄路、旋转、单脚站立、持物行进等多种形式的游戏,增强幼儿的平衡能力。同时,可以以此为教育契机,鼓励幼儿根据自身能力借助场地或器械尝试设计运动路线,或在游戏中增加障碍提升游戏难度,进而促进其操控器械能力的发展。暖暖自发设计的骑车游戏是一次不错的尝试。

北京市西城区马连道幼儿园　王　晖

小 熊 过 桥

游戏主体:江江
游戏精彩回放与聚焦点:坚持不懈、不怕困难和平衡能力

我看见

今天,在户外活动的时候,小朋友们进行了体能游戏"小熊过桥"。"小熊过桥"分为三个环节,第一个环节是平面小桥,第二个环节是加了一点高度比较宽的小桥,第三个环节是高度加高而且变窄的小桥。小朋友们都尝试走平衡木,都大胆地将两只手伸平,往前迈步。这时,轮到江江进行游戏了,他伸出双臂,眼睛看着地面张开双臂快速地走过细细的蓝色小桥。

然后又走上宽宽的小桥。江江两只小脚慢慢地向前挪动,走到平衡木中间的位置,他的步伐变大了,两脚交替向前走。虽然走得还是有点慢,但仍坚持独立走到了终点。

江江站上最高而且最窄的平衡木时停了3秒钟,站在上面东张西望。我赶紧走向他,他一把抓住我的手,对我说:"佳佳老师,我害怕。"我鼓励道:"勇敢,江江,佳佳老师保护你。"听我说完,江江还是不敢放开我的手,但是也在慢慢往前走。两只小脚慢慢往前挪动,不过,拉着我的手越来越用力了。

体能区 游戏观察与分析

江江走在蓝色小桥上

江江走过了第二种宽小桥

"没事,老师拉着你呢,不会摔倒的,别害怕。"只见江江还是害怕地拉着我的手。终于走了过去,过了一会了,又轮到江江走平衡木了,江江一直看着我,我说:"没事的江江,佳佳老师还会保护你的,一定不会摔着的。"在听到老师的鼓励后,江江放松了许多,没有再拉着我的手,他两只脚一点一点地往前挪动,走着走着,能够双脚交替慢慢地往前走了。

江江拉着老师的手走最高的小桥

江江在老师的保护下独立走过最高的小桥

江江独立走过最高的小桥

小朋友都分散去玩游戏,江江走到我的身边主动对我说:"佳佳老师,我还想再试一次平衡木,但是您能保护我吗?""好啊,没问题,佳佳老师这次在你的前面护着你,慢慢走。"这一次我站在江江的前面并没有扶着他的身体任何部位,他张开双臂,两只脚慢慢往前走,能交替换脚,慢慢走到平衡木中间的位置。后来他的脚步放大了,双脚交替一步一步往前走到了终点。

我看懂

1. 学习品质：坚持不懈、不怕困难

江江第一次走在最高平衡木上的时候,告诉老师他不敢独立走过最高的平衡木,并一把拉住了老师的手,在老师的协助下往前迈步走过平衡木。第二次走上平衡木的时候,江江通过眼神示意老师还是不敢走,老师再次协助江江,江江比第一次走平衡木时大胆了许多,没有拉住老师的手。第三次在分散自主选择户外游戏的时候,江江主动提出了玩平衡木,这一次只是口头说明希望老师保护的意图,但在游戏的过程中,是自己独立完成了走平衡木。

2. 平衡能力

在不断的练习中,江江的平衡能力越来越强,从一开始只能双脚往前挪动、需要老师的协助,到最后能自己独立双脚交替往前走。

我所思

本次活动中体现了幼儿的平衡能力及其坚持性。江江真的很棒,从刚开始的害怕,到最后能够自己大胆往前走。通过走平衡木这一项体能游戏,便能看出江江是一个做事认真的孩子,也看到了他做事情的坚持性。在体能游戏过程中,教师是通过语言以及肢体上的及时鼓励和支持帮助江江通过平衡木的。在培养幼儿的学习品质中,幼儿的兴趣、老师的适时鼓励以及对幼儿的观察都是很重要的。

在体能活动中,不管是平衡还是跳跃或者钻爬等,材料都可由易到难,这样既可以满足不同水平的幼儿进行游戏的需要,也可以帮助幼儿逐步提高游戏水平。本次体能游戏材料的提供对江江的坚持性以及平衡能力的提升起到了很大的作用,材料由易到难,从平面的平衡线到有宽度而且有一点高度的平衡木,再到变窄而且高度又有一点提升的平衡木,使得江江能由易到难,逐步提高游戏水平。

北京市西城区马连道幼儿园　李永佳

好玩的篮球

游戏主体：中班幼儿

游戏精彩回放与聚焦点：动作协调发展、探究尝试

我看见

主班教师微笑着拿出篮球并问幼儿:"看我手里拿的是什么?"幼儿说:"是篮球。"教师说:"对,我们今天要和篮球做游戏,现在想一想篮球都可以怎么玩儿?一会儿回来和我说一说你们都是怎么玩儿的。"

在这一天,教师看到穿着黑色衣服的幼儿拿着篮球单手转球玩了一会儿后,旁边的幼儿开始模仿单手转球幼儿动作。这个时候,穿着蓝色衣服的男孩跑到教师的面前并对老师说:"老师,我还会这样拍球。"教师看到后说:"手拿篮球跨球拍球。"我转身后看见有两个小男孩把篮球放在肚子底下滚球走后起身重复同样的动作,此时旁边有三名幼儿看到后做出同样的动作。在教师关注其他幼儿的时候,穿着花衣服的小女孩走到教师的面前,做出拿着篮球单腿跳着用手颠球走的动作。此时旁边有两个小朋友正在用两个篮球顶着球横着走,中途掉下来后继续顶着球横着走。从下面的图中可以看出,幼儿能够创编出很多的动作,并尝试模仿他人的动作。

把球放肚子底下滚球走

手拿篮球夹球走

观察点亮游戏

颠球走

双脚夹球走

拿球顶球走

拿球单脚跳

双人夹球走

单脚站立双手运球

单手转球

我看懂

1. 动作协调发展

协调动作的发展：单腿跳着用手颠球走，腿夹住篮球手扶着走，花样方法玩拍球，肩膀滚球。

平衡动作的发展：放在肚子底下滚球，顶球走，把球放在胸前和屁股下滚着走，抱球蹲下跳着走。

2. 探究尝试

在探究尝试方面，幼儿在活动中能够不断开动脑筋想出各种各样的玩球方法，很多小朋友不仅能一个人玩球，而且会积极主动与同伴配合想象多种玩球的方法。在创造想象方面，在幼儿与同伴一起玩球时，当一个幼儿想出一种玩法时，其他幼儿也能够受到启发想出多种玩球的方法。

我所思

幼儿能突破篮球的日常玩法，如拍球、运球、投篮等，探索了用不同身体部位、不同方式玩篮球的方法。在探索性游戏中，教师可以运用开放性的问题鼓励幼儿探索篮球的多种玩法，说明教师也要有突破日常玩法的意识，不局限在玩具的特定玩法。激发幼儿大胆地想象、探索、发现玩具的多种玩法，并在探索中尝试合作、共同创造。

教师在幼儿探索过程中还可以适当进行回应，对幼儿的探索进行鼓励，或者运用追问、建议等策略对幼儿的进一步探索给予支持。

北京市朝阳区泛海幼儿园　刘子睿

翻 帽 子

游戏主体：尧尧老师、幼儿

游戏精彩回放与聚焦点：动作的协调、灵敏

观察点亮游戏

> **我看见**

尧尧老师把小朋友们分为了人数相等的两队,每一队幼儿的前方都放有一个小帽子,然后尧尧老师问小朋友们:"今天我们玩的游戏叫什么呀?"小朋友们一起说:"翻帽子。"紧接着老师又追问道:"那我们的游戏规则是什么呢?"这时,一个穿黄色衣服的小女孩说:"要把对面小朋友的帽子翻过来。"老师追问道:"那同时呢?"幼儿回答说:"还要保护自己的帽子。"教师给予了肯定,并让两队的幼儿给自己的队伍命名。"对,那我们这边小朋友的队伍叫什么队呢?"孩子们一起回答:"西瓜队。"老师接着又问另一队的小朋友:"那我们这边的队伍叫什么队呢?"幼儿一起回答:"苹果队。"老师说:"好,那我们西瓜队的小朋友要去翻苹果队的帽子,同时我们也要保护好自己的帽子。那我们苹果队的小朋友呢,要去翻西瓜队小朋友的帽子,同时也要保护好自己的帽子。好,时间差不多是一分钟。当老师喊停止的时候我们小朋友还可以再动吗?"小朋友一起回答道:"不可以。"老师继续说:"对,我们要遵守游戏的规则,可以吗? 让我来看一看哪个队的小朋友们最棒。我们要注意安全,准备——开始!"

教师带领幼儿回忆游戏玩法及规则

老师说了"预备——开始"后,小朋友们听到指令开始了翻帽子游戏,苹果队和西瓜队的小朋友们分别去翻对方队伍的帽子,同时还要回来保护自己队的帽子不被翻开。在游戏过程中小朋友们相互说加油,老师也鼓励孩子们要加油。

幼儿开始翻帽子游戏

游戏结束后教师检查结果

游戏持续了大概半分多钟以后,老师对幼儿说:"要加油了啊,还有最后10秒钟,10,9,8,7,6,5,4,3,2,1,停!"老师边巡视边对幼儿说:"让我的火眼金睛看一看现在每个小朋友都停止了吗?让我来看一看这边队伍有没有没翻过来帽子的小朋友呢?"西瓜队的幼儿回答说:"没有。"于是老师又走到苹果组旁说:"那这边的小朋友呢?"苹果队的幼儿也回答道:"没有。"于是老师问孩子们:"那说明我们这次游戏怎么样呢?"小朋友们兴奋地一起说:"平局。"

师:"第一次游戏我们小朋友打成平局了,没有胜负,那这回让我们再试一次好吗?"

幼:"好。"

师:"好,这次我们看看是西瓜队厉害,还是苹果队厉害,这次你们得加油了,要想办法能赢得一局。"

师:"预备——开始!"

在游戏过程中,老师一直鼓励女孩们:"女孩子们得加油啦!"

开始第二次游戏

观察点亮游戏

教师在检查哪队帽子被翻得多

老师开始倒计时："10、9、8、7、6、5、4、3、2、1,停止,小朋友们不能再动了。"并且提醒了一位在老师喊了停止后还在动的小朋友:"杉杉,你不能再动了。如果在游戏结束后还有人动帽子就算你们队犯规了。"接着老师巡视并开始数帽子,"1、2",西瓜队有两顶帽子被翻开。接着老师到苹果队再数,"1、2",发现苹果队也有一样多的帽子。

我看懂

1. 动作协调、灵敏

幼儿在几次游戏中都表现得非常感兴趣。在活动前,能够认真倾听教师的要求;在活动开始后,孩子们能够在保护自己帽子的同时去翻对方队伍的帽子;中途,基本上所有幼儿的动作都非常敏捷,没有出现摔倒、撞在一起的情况。

2. 环境设计

教师对游戏场地和环境的设计是很合理的,两个队伍之间的距离合适,这样幼儿不会因为距离太远而过度消耗体力,也不会因为距离过近而出现危险。

3. 提出要求

在游戏开始前,教师非常明确地提出了游戏的规则及玩法,并且告诉了小朋友们哪些行为属于犯规的行为。但是在游戏过程中教师对幼儿游戏的时间控制得不是特别规范,教师只告诉了幼儿时间是一分钟左右。应明确给幼儿规定一个时间点,可用手表计时,一分钟到了就立刻停止,这样对每一个队伍的幼儿来说也是公平的。

我所思

本次活动的设计非常符合中班幼儿的年龄特点及动作的发展需要,游戏中涉及快速反应能力、跑的速度、平衡能力、同伴间的合作等,激发了幼儿的锻炼兴趣,层次清晰、衔接自然,始终围绕活动目标。

教师在游戏中能够让幼儿自主游戏,并请幼儿来说一说游戏的规则和玩法,带领孩子们再次巩固,使每一个孩子都能动脑筋思考,从而在游戏中遵守规则。在孩子们游戏的过程中,教师还能够及时鼓励个别幼儿,增加他们的自信心。

北京市朝阳区泛海幼儿园　余碧洋

抢奶瓶

游戏主体：中班幼儿

游戏精彩回放与聚焦点：团队合作，解决问题，单、双脚连续跳

我看见

游戏前主班教师将奶盒分成等份分别放在红队和绿队的筐里。主班教师拿出奶瓶并问幼儿："今天我们玩什么游戏呀？"幼儿说："是奶瓶，今天我们玩抢奶瓶的游戏。"教师边拿奶瓶边说："那玩这个游戏我们要分成两队，你们有什么好的办法分成两队吗？"穿灰衣服的小朋友说："可以手心手背。"穿红衣服的小女孩说："可以男生一队，女生一队。"穿红衣服的男孩说："可以石头剪刀布。"教师对小朋友说："有这么多的办法，我们用谁的办法呢？"这个时候小朋友们都选择了穿灰衣服小朋友的办法——手心手背。接着教师帮助幼儿分出了两队，教师对幼儿说："现在一个红队一个绿队，小朋友们你们选择一名队长进行石头剪刀布，谁赢了谁先选颜色。"这个时候，一队选择了穿红色衣服的小男孩当队长，一队选择了小女孩当队长，穿红色衣服的小男孩赢了并选择了红队。教师发放标签，幼儿们都贴在了身上。红队小朋友说："加油，加油，加油。"教师在绿队小朋友身边说了同样的话。这个时候教师喊："准备开始。"红队和绿队就准备开始跳了。

教师讲解

主班教师这个时候站在一旁进行检查,幼儿进行游戏,教师这个时候说:"我来看一看谁没有按要求做?"过了一会儿教师又说:"好了,我发现绿队有一名小朋友没有按要求做。"教师和穿条纹衣服的小朋友站在一起说:"刚才老师发现你没有按要求,就要被淘汰了。我们给他们加加油。"穿条纹衣服的小朋友为小朋友们喊:"加油,加油。"

教师指导,幼儿游戏

这个时候老师说:"好,停,手里拿好奶瓶,不要在放进筐里了,互相监督。"小朋友们都走到了老师的面前,主班教师这个时候拿着两个筐并对小朋友说:"这个筐是什么队?"幼儿回应:"红队。"教师回答:"好,那我们来分别数一数每个筐里都有多少奶瓶。"幼儿与教师一起进行数数。数完奶瓶后,教师问:"哪队赢了?"幼儿回答:"红队赢了。"红队小朋友高兴地跳了起来。教师追问幼儿:"为什么绿队的奶瓶少了?"穿灰色衣服的小朋友说:"因为绿队有一

体能区 游戏观察与分析

教师与幼儿分享游戏

名小朋友淘汰了。"教师又进行追问:"为什么会被淘汰呢?"小朋友说:"因为他没有按规则进行游戏。"教师对小朋友说:"那我们一会儿再玩的时候一定要按规则玩,好不好?"幼儿回答:"好,好。"并给自己队加加油。

我看懂

1. 问题解决的表现

当教师提出如何分队的问题时,幼儿能够积极思考,提出按手心手背或男女孩分队的方法尝试解决问题。教师没有代替幼儿决定如何解决,而是进一步追问选择哪一种方法,激发幼儿动脑思考哪种方法更适合,幼儿则能够经过思考,在游戏中共同解决问题。

在幼儿进行游戏之前,教师问幼儿:"我们有什么好办法可以分成两队?"幼儿有石头剪刀布、手心手背、男生一队女孩一队等方法。教师又问:"怎么分成红队、绿队?"这个时候幼儿又说:"可以选一名队长进行石头剪刀布,谁赢了谁先选红队还是绿队?"幼儿能够在游戏中学会自己解决问题。

2. 团结合作意识的表现

幼儿在游戏中能够看到其他小朋友的表现和为团队胜利做出的努力,在游戏中感受到缺一个人就会缺少一份力量,从而激发幼儿团队合作的意识。

我所思

在规则游戏中,教师在分组环节可以运用开放式提问和回应策略,激发幼儿动脑思考,自己提出方法、选择合适的方法,尝试解决问题。在规则介绍环节,教师不是讲解,而是在简单介绍的基础上,通过提问和回应,引导幼儿一步步生成规则,变"教师要求的规则"为"幼儿共同制定的规则"。在游戏过程中,教师也可以通过引导、追问的方式让幼儿发现本队和对方的表现,尤其是不遵守规则造成的人员淘汰对输赢的影响,让幼儿感受团队是一个整体,增强幼儿的团队意识。

北京市朝阳区泛海幼儿园　刘子睿

观察点亮游戏

轮 胎 游 戏

游戏主体：石头、鹏鹏

游戏精彩回放与聚焦点：上肢力量和耐力

我看见

轮胎游戏以音乐为起始，分两队进行 PK，每队各 8 个轮胎，可以把对方阵营的轮胎运到自己阵营，结束时轮胎多的一方胜利。音乐响起，石头以 S 形的路线用 4 秒跑到了对方的阵地，双手同时扒住黄色轮胎往上一抬，轮胎被竖了起来。鹏鹏快速拉住石头竖起的轮胎，这时旁边的瑶瑶也竖起轮胎，鹏鹏看到后松开石头的轮胎，赶紧转身拉住了瑶瑶的轮胎，鹏鹏一松手，石头快速用双手扶起轮胎，右手推动着轮胎前后脚交替大步往自己阵营跑去。

石头第二次跑到对方阵营，用手扒住黄色轮胎的一侧，鹏鹏扒住轮胎另一侧，两个人都用双手使劲往自己的方向拉轮胎，轮胎被抬离地面约 8 秒钟。

石头和鹏鹏争抢轮胎

石头突然放下黄色轮胎，抓住蓝色轮胎，并双手扒着轮胎内侧往左甩把轮胎甩到身体左侧。鹏鹏追到左边时，石头又用双手扒着轮胎皱着眉头把轮胎甩到身体右侧继续左右脚交替缓慢地走，但刚走几步便蹲了下来低着头大喘气，用手擦了一下头上的汗珠。

石头放下轮胎蹲在地上低着头大喘气

石头蹲了 5 秒钟,慢慢地起身把轮胎竖起来,用左手把轮胎缓缓地推了回去。

我看懂

1. 幼儿上肢力量的发展

石头双手同时扒住黄色轮胎内侧往上一抬,轮胎就被竖了起来,说明幼儿上肢有足够的力量支撑抬起轮胎。鹏鹏一松开轮胎,石头便快速用双手扶起轮胎,右手推动着轮胎前后脚交替大步往自己阵营跑去。幼儿能够单手控住轮胎滚动的方向并快速带动轮胎前进,手臂肌肉有较强的控制力。

2. 幼儿上肢肌肉的控制力

第一次搬运轮胎,石头和鹏鹏把轮胎抬离地面 8 秒钟都没有松手,体现幼儿有足够的耐力。第二次运轮胎时,石头双手抬起轮胎内侧、左右甩动轮胎躲避幼儿的同时,左右脚交替缓慢地走了 7 秒钟。石头虽然支撑时间较短,但能够支撑抬起轮胎走的同时变化轮胎的方向。不过,刚走几步便蹲了下来低着头大喘气,并用手擦拭额头的汗,此时石头的运动量超过了幼儿上肢的耐力水平。蹲了 5 秒钟,慢慢地起身把轮胎竖起来,用左手把轮胎推了回去。轮胎抬起后的重量对于幼儿来说过重,因此没走几步上肢力量就支撑不住了,幼儿便尝试用推的方式继续运轮胎。

我所思

轮胎游戏锻炼了幼儿上肢的肌肉发展。在游戏中,幼儿不断尝试搬运轮胎的方式方法:有的双手交替推着走,发展了幼儿身体协调性、上肢肌肉的控制力;有的选择直接搬着走,充分锻炼了幼儿上肢的力量和耐力。游戏刚进行 3 分钟,幼儿就出现了额头出汗、蹲在地上大喘气等体力和耐力不支的情况。在以后的游戏中,可以多进行训练上肢耐力的游戏,如索道游戏、打棒球等。也可以根据本班幼儿的情况缩短第一轮的游戏时间,幼儿之间进行简单的分享交流、梳理经验,再进行第二轮游戏,既能提升幼儿的游戏策略,又进行了休息,提高幼儿的游戏水平。

北京市公安局幼儿园　赵　妍

足球 PK 赛

游戏主体:奕奕

游戏精彩回放与聚焦点:平衡性、身体协调性与灵敏性

我看见

中班幼儿举行了一场 8 人足球赛,4 名幼儿为一组,在规定时间内进球数最多的小组获

胜。在足球 PK 赛过程中，奕奕向着足球的方向冲刺。为了躲避和其他一起抢球的小朋友发生碰撞，奕奕身体左右移动着前进。她的步子迈得很大，很快就超越了其他几个小朋友，跑到了最前面。

奕奕冲在最前面抢到了球

当奕奕马上接近足球的时候，她首先减缓了自己奔跑的速度，用脚轻触球面，去控制球的方向。这时，从球的侧面又跑来了一个小朋友，奕奕赶紧把身体转向另外一边，快速变化踢球的方向。但是奕奕站得不太稳，用右脚脚面踢了一下球，把球踢歪了，球跑到对方球员的脚下。又经过了几个回合的追球、踢球，奕奕抓住时机跑过来用脚拦截到了球，她先单脚站立，单脚踩住球，让球短暂地停止了 2 秒钟，紧接着用右脚把球冲着球门踢过去。在球向前滚动的同时，奕奕一边跑一边用脚带球前进，同时保持自己与球前进的速度一致，让球始终在她自己前方一米左右的范围内。

奕奕用脚带球向前跑

最后,奕奕一边带球一边跑到在距离球门两米左右的地方,右脚大幅度使劲一踢,让球从球门的右侧躲开了守门员的防守,成功踢进球门内。奕奕发出了胜利的欢呼声。在足球PK赛进行的10分钟内,除了守门员,踢球的幼儿平均有6分钟的时间都在追着球奔跑。

我看懂

1. 幼儿具有一定的平衡能力

踢球时,孩子们有时必须向着一个方向冲刺,有时又需要减缓速度奔跑,有时需要快速转动身体变化方向,有时又需要单脚站立单脚点球。为了完成这些动作,孩子们就得有良好的平衡能力作为支撑。

2. 幼儿身体动作协调、灵敏

游戏过程中幼儿冲着足球跑去时,需要躲闪其他幼儿,练习了躲闪跑,体现了身体的协调性与灵敏性。幼儿一边跑一边用脚带球,带球前进需要幼儿手、腿、脚动作协调,并随时观察周围情况的变化,快速做出判断。足球PK赛符合中班幼儿活泼好动的年龄特点,游戏过程中幼儿注意力集中,积极参与游戏,体验到了游戏的乐趣。

我所思

踢足球锻炼了幼儿的手、腿、脚动作的准确性、协调性及肌肉的力量与关节的柔韧性,发展了幼儿单脚站立、单脚踢球、保持身体平衡的能力。一些孩子在射门的时候未能正确地用脚弓踢球,出现方向偏差的情况。教师给孩子在示范脚弓踢球时,要用到精确简练的语言帮助幼儿掌握踢球的动作要领,并带领幼儿进行练习。守门员可以发展幼儿快速反应的能力,但是运动量较少,可以让幼儿轮流当守门员,以保证每个孩子的运动量。教师可以提供更多游戏,如打沙包、走平衡木、躲闪跑等,通过游戏的方式帮助幼儿发展平衡能力与协调灵敏性。

北京市公安局幼儿园　史　谕

圈的一物多玩

游戏主体:欣欣、白白、丁丁
游戏精彩回放与聚焦点:兴趣、一物多玩

我看见

幼儿园要召开春季运动会,主题为"弘扬传统体育文化"。我们班到底怎样展示呢?孩子们决定将日常生活中的圈和传统游戏相结合,来体验传统体育运动的魅力。静静说:"我在电视里面看过小朋友手拉手用圈绕过身体的游戏。我们小朋友分为两组,要比一比,看看哪组的小朋友钻圈钻得快!我们也来试一试吧!"就这样孩子们很快就开始体验手拉手钻圈游戏了。欣欣说:"我觉得先将头钻过圈,这样可以更快一些。"

静静体验钻圈游戏

丁丁说:"我刚才是先把脚钻过去的,这次我也试试你的方法。"

丁丁体验钻圈游戏

白白说:"你们先钻,一会我们再交换玩。"另一边的小朋友一组扶圈一组钻圈,合作玩起了爬圈游戏。

钻圈小组尝试钻圈

小于说:"我们来用圈玩跳房子的游戏吧!"涛涛说:"好啊!我最喜欢玩跳房子了,我们一起来摆房子,然后大家一起跳!"

小于带领大家玩跳圈

我看懂

1. 利用春季运动会进行体育活动,能够充分调动幼儿对体育活动的兴趣

兴趣是幼儿最好的老师,培养幼儿对体育活动的兴趣是幼儿园体育教育的重要目标。春季运动会的召开,激发了孩子们探索身边熟悉材料进行创意玩法的兴趣和热情。

2. 一物多玩

通过游戏以及竞赛的形式,孩子们自主地探索出有关圈的不同玩法。在探索圈的不同玩法中,孩子们根据已有经验,将生活中常见的圈讨论出了属于自己的创意玩法,还将圈与传统体育游戏跳房子相结合,提高幼儿双脚连续向前跳的能力,锻炼幼儿下肢以及前脚掌的力量。将圈与传统游戏相结合,体验传统游戏带来的乐趣。

我所思

《指南》中指出:"中班幼儿能按自己的想法进行游戏。"在今天的活动中,让我深刻感受到,孩子们在小组钻圈、跳圈、爬圈等游戏中,玩出了三种与他们生活经验相结合的专属游戏。在后续活动中,我们还可以利用孩子身边一些熟悉的材料,如绳、沙包、篮球等,开展相关一物多玩的主题活动,让幼儿真正成为游戏的主人。

今天的自主游戏根据幼儿自己的兴趣和需要,以快乐和满足为目的,在宽松、自主展开、自发交流的活动过程,使幼儿的兴趣需要得到满足,身体的协调性、灵活性、上下肢力量得到充分的锻炼。孩子们的天性自由表露,参与游戏的积极性、主动性、创造性得到充分发挥。在接下来的活动中,我们会针对幼儿的兴趣需要及能力发展,开展不同层次、不同难度的相关游戏。

北京市西城区马连道幼儿园 刘 畅

观察点亮游戏

轮胎争夺战

游戏主体：洋洋、蔓蔓、双胞胎幼儿
游戏精彩回放与聚焦点：耐力、合作能力

我看见

轮胎抢夺战开始了，这是一个体力、耐力与智慧相结合的游戏，男孩子们用尽身体力量去争夺各组的轮胎。

男孩子们在抢夺轮胎

洋洋一边游戏，一边分享着自己的游戏经验

洋洋说："身体往后倾斜，这样抢轮胎时力量会更大更稳。"
双胞胎幼儿说："我们两个兄弟一起上，兄弟一心，其利断金。"

双胞胎幼儿投入游戏中

孩子们在游戏中表现得十分投入，在争抢轮胎的过程中，他们表现出团结合作的团队精神，面对对手那种拼搏不服输的劲头，震撼着在场的每一个人。而女孩子们的表现就文静多了，她们不慌不乱地搬运着轮胎，但在运轮胎的速度上一点也没有输给男孩子们。

女孩子们搬运轮胎

第二轮游戏刚一开始，一一突然转过头，对旁边的文文和瑞瑞说："文文，我们坐在轮胎上看好了，不要让他们抢走，瑞瑞你力气大你去和他们抢轮胎，抢到的轮胎都给我们！"在一一的提议下，孩子们在游戏中开始进行分工合作了。

幼儿开始分工合作

看守轮胎的小朋友更是总结经验，从一开始的仅看守一个轮胎到运用坐着、扶着、抱着、搂着等，他们动脑筋想办法去看守、保护本组更多的轮胎。

观察点亮游戏

蔓蔓坐在轮胎上和小朋友抢轮胎

我看懂

1. 耐力

《指南》中指出:"中班幼儿的动作发展应具有一定的力量和耐力。"第一轮游戏中孩子们表现得十分投入,他们时常会选择抓握轮胎前进的方式,从而达到锻炼耐力和力量的目的。到了第二轮游戏时,随着孩子们竞争合作意识的提升,他们在抢夺轮胎的过程中更是锻炼了力量和耐力。

2. 合作能力

《指南》中指出:"培养中班幼儿在体育活动中的团结、合作、勇敢竞争、不怕困难等良好学习品质。"中班下学期,幼儿已经初步形成合作意识,在这次的两轮游戏中,孩子们有了集体意识,他们开始进行小组内的分工合作,并思考到要根据每个人的优势进行分工。在每一轮的游戏体验结束后,孩子们都会积极主动地分享着他们在游戏中的经验、探索到的动作,并将自己的已有经验运用到游戏中,然后形成新经验。

我所思

轮胎在各个幼儿园随处可见,但是利用率却普遍偏低。并且在幼儿园中,缺乏对幼儿上肢力量锻炼的活动。抢夺轮胎的游戏,锻炼了孩子们的耐力,并让幼儿享受到玩轮胎游戏的乐趣,激发了他们的分工合作及竞争意识。在今天的活动中,让我深刻地感受到,要真正体现游戏的价值,教师应该基于对幼儿年龄特点及兴趣需要的把握来设计活动,使幼儿体会到合作运动的愉悦,并在学习品质上得到发展。还可以开展拔河等游戏,来发展幼儿的耐力和平衡能力。

北京市西城区马连道幼儿园　刘　畅

米果的匍匐前进

游戏主体：米果
游戏精彩回放与聚焦点：幼儿的关注点、运动发展、材料与目标的适宜性

我看见

今天活动时，老师将孩子们分成了四组，以小组竞赛的形式进行活动。在活动前，老师示范什么叫匍匐前进，着重讲述了匍匐前进时用小臂撑着垫子带动身体往前挪动，腿部用大腿内侧蹬垫子协助身体往前挪动，并且提出肚子要贴着垫子。

米果手脚并用爬过障碍物

活动开始后，米果（图中穿黄色衣服的女孩儿）一直在起点位置大声地为她的队友加油。当她前面的小朋友往回跑的时候，她看了看旁边队的小朋友，发现旁边队和她一起等待出发的小朋友超出了起跑线，于是大声提醒对方："喂，你不能超过这个东西，超过它你就犯规了！"看到对方退回到起点位置，她才继续为队友加油。在队友跑回她身边时，没有拍她的手就直接往队尾走去，她追到队尾，跟她的队友说："你还没拍我的手呢。"队友拍了她的手后，她立刻转过身向障碍物方向跑去，跑了两步然后弯下身体，手脚并用爬过障碍物。

在手脚并用爬过障碍物的时候，她用手脚同侧向前行进的方式爬行，并且她的步伐迈得很大，每一步都超过了半米的长度。当她爬到垫子前的时候，她先侧头看了看旁边队的同伴，发现同伴比她速度略慢的时候，她立即转过头，然后双脚蹬地往前一越，身子同时向前倾倒，趴在了垫子上，并且直接越过了半个垫子。趴在垫子上后，米果小腿和大腿呈垂直状态，两条小腿直立在空中，膝盖和整个大腿以及肚皮贴在垫子上，胸腔往上的部分直立起来，头仰得高高的，胳膊也竖立在空中。然后，用胳膊肘杵着垫子往前爬了两下，大腿配合着上肢

的力量向身体两侧分别打开，用大腿内侧蹬垫子协助身体往前挪动。但是仅爬了两下就爬到了垫子的末端，胳膊就超出了垫子的范围，胳膊肘没有地方再着力，于是米果用双手扒着垫子的边缘往前蹭身体。

米果双手扒着垫子边往前蹭身体

现在，她大腿也没有再往前蹬垫子，仅靠着手臂的力量拉动身体向前挪动。在腰部到达垫子边缘的时候，米果站了起来，然后越过垫子接着往前跑。跑了两步后发现前方还有障碍物，于是返回垫子前重新弯下身子，手脚并用爬行，越过障碍物。

我看懂

1. 幼儿的关注点

在整个活动过程中，米果的专注力都放在了比赛的过程中，并没有过多关注自己的动作。所以表现出只关注速度是否快，并没有在意自己的动作是否标准，而且出现一开始直接趴过半个垫子的情况。

2. 运动发展

在体能测试时，米果的各项成绩都达到优秀水平。但是今天匍匐前进的动作要领她并没有掌握，老师所讲的需要注意的匍匐前进要点，米果只做到了肚子贴垫子，但是手臂的动作没有达到老师提出的动作要求。

我所思

老师在讲解动作时，讲到了大躯体的身体动作要领，但是肢体动作要领没有提到，幼儿不知道手脚需要怎么配合身体往前爬。教师在讲解动作时可以以身示范，请幼儿观察自己身体、四肢的动作，通过观察来发现动作要领。

体操垫的长度没有满足孩子锻炼匍匐前进的需求，孩子趴下后身体直接就超过了垫子一半，所以在米果往垫子上越的时候一下就越过了半个垫子的长度。

对于第一次接触新的动作要领的孩子们，以比赛的形式进行活动可能不太适宜，容易让孩子们将注意力放在速度上而忽略了动作要领。

北京市西城区马连道幼儿园　祁　雯

皮皮的双脚跳

> 游戏主体：皮皮
> 游戏精彩回放与聚焦点：运动能力，勇于尝试、坚持不懈，社会交往

我看见

今天上体育课的时候，老师先示范了一下如何跨栏，并在示范的时候请幼儿认真观察自己的双脚是如何跨过跨栏的。在示范后，又请幼儿说一说在起跳及落地的时候双脚都是什么样子的。在孩子们开始活动前也提出了跨栏的要求：要双脚同时离开地面，然后再同时落地跨过30厘米高的跨栏。在教师示范的时候，皮皮一直在队伍后面蹦来蹦去，并没有观察教师的动作。问皮皮干嘛呢，皮皮回答说："我跟老师学跳障碍物呢。"在劝说下，皮皮回到了自己的队伍，但是眼睛并没有看着老师，而是看着远处的东西发愣。等到老师提完要求后，在大家回应教师之后他也跟着说："知道了。"

孩子们一个一个地进行跨栏，轮到皮皮的时候，他先是双脚在原地进行跳跃动作，跳了五下之后进行了第一次跨栏尝试。在脚离开地面的时候，皮皮的双脚就分开了，导致他第一个跨栏是一只脚迈过去的。并且，为了保持身体的平衡，迈过去的那只脚还在原地蹦了一下，后面那只脚才跟着跨过跨栏。迈过第一个跨栏后，皮皮随着身体的惯性，紧接着迈过了第二个跨栏。

皮皮第一次尝试跨栏

皮皮第三次尝试跨栏

然后在尝试第三个跨栏时,皮皮还是先在原地进行双脚跳,在跳了六下后,皮皮的双脚同时离开地面,但是在跨过跨栏的时候,皮皮的身子在空中没有保持平衡,出现了向后仰的情况。为了保持身体平衡,皮皮的双脚分开了,安全落地,但是第三个跨栏又分脚迈过去了。

这时老师走到他身边伸出一根手指,并对他说:"用不用我协助你?"皮皮沉默了5秒钟,然后默默地伸出一只手拽着老师的手指。回到第三个跨栏前,双脚在第三个跨栏前连续原地跳跃,跳了五六下之后,皮皮尝试双脚同时跳过跨栏。这次皮皮在起跳和跨过跨栏时,都做到了双脚一起,但是在落地的时候,身体还是倾斜了一下,身体有些向后仰,双脚分开没有同时落地。到第四个跨栏时,皮皮没有进行原地准备的动作,而是拉着老师的手直接双脚跳过跨栏,并且双脚同时落地。但是在落地的时候身体向后仰了一下,导致双脚落地后有一只脚向后撤了一步。

皮皮在老师的帮助下跨栏

我看懂

1. 跨栏能力在每次尝试时都有所提升

在跨栏的时候,皮皮一共尝试了四次,每一次跨越都比上一次有进展。前两次跨栏皮皮是迈过去的;第三次是尝试双脚起跳但是失败了,在起跳时双脚就分开了并分脚迈过去;第四次和第五次尝试都是在成人的协助下进行的。第四次尝试是先在跨栏前做原地双脚跳的动作准备,这一次皮皮能够双脚起跳,在空中也保持双脚并齐,但是在落地时双脚还是分开了;第五次尝试时,皮皮能够双脚同起同落跨过跨栏。

2. 学习品质:勇于尝试、坚持不懈

在跨栏时,皮皮一共尝试了五次,前两次尝试都没有成功,但是他仍然坚持尝试第三次,在第三次尝试的时候他吸取了前两次的经验进行调整。虽然也没有成功,但是他并没有放弃或是随意地将剩下的跨栏跳完。在教师介入给予帮助的情况下,皮皮尝试了第四次,并有了进展,于是又尝试了第五次,最终实现了双脚同起同落跨过跨栏。

3. 社会交往能力

在跨越跨栏的时候,皮皮一开始就遇到了问题,但是他并没有主动寻求帮助,而是自己埋头继续尝试。老师看到后主动给予帮助,皮皮欣然接受。

我所思

双脚起跳与协调性相关,皮皮无法独立进行双脚同时起跳同时落地,符合中班幼儿的能力。针对这一情况,首先应调整跳跃时的道具,将跨栏的高度降低,满足皮皮现阶段的发展水平;另外增加不同的平衡锻炼活动,提高皮皮的平衡能力。

《指南》中指出,中班幼儿在人际交往方面"喜欢和长辈交谈、有事愿意告诉长辈"。教师应关注皮皮的心理发展,与其建立良好的师幼关系,使得皮皮愿意主动表达、主动寻求帮助。

在日常体能锻炼中,关注皮皮平衡能力的发展,创造多种条件和机会锻炼其平衡能力。

北京市西城区马连道幼儿园　祁　雯

车 轮 滚 滚

游戏主体:大班幼儿

游戏精彩回放与聚焦点:问题解决、教师指导

我看见

"车轮滚滚"魔术带是幼儿园新投放的户外材料。主班教师边示范边讲解要点:"我先钻进去,用两只手撑起它,请××老师也进来,站到带子的最前面。那我的中间还有距离,可以请两位小朋友来试一试。"

师幼共同示范

主班教师提问:"我们要怎么样才能走起来呢?"一位幼儿说:"一直挪着走。"另一名幼儿说:"往后退着走。"教师回应:"好的,我们一起来试一试,看看是不是像你们所说的那样。"

向前走示范成功后,教师问:"我们成功了吗?是像你们所说的那样走的吗?你们还有别的发现吗?"一名幼儿说:"手还要往前递布。"

教师让孩子自由分组,每组6人,尝试"车轮滚滚"游戏。

一组幼儿无法前进

走了几步后,5 名幼儿挤在一起,整个魔术带塌在了孩子们身上,脚下的魔术带被踩成一团。第一名幼儿着急地说:"不要挤了,我都看不见了!"第四名幼儿也跟着说:"哎呀,我也什么都看不见了。"

幼儿进行游戏讨论

教师提出问题:"请问小朋友们,刚才你们游戏时候遇到了什么困难?"
第四名幼儿说:"那个袋子总是弯弯的,贴在身上。"
第三位幼儿说:"后面走得太快,前面走得太慢了。"
第二位小朋友说:"对!太挤了!"
教师接着追问道:"那我们有什么方法能够解决这个问题呢?"第一位幼儿回答道:"喊口号。"教师说:"哦,喊口号是吗?怎么喊呢?"小朋友一起喊道:"1、2,1、2。"教师问:"你们都同意吗?那我们按照这个方法再去试一试吧!"

游戏继续进行了一次。教师问:"我们这次喊了口号向前走,又遇到什么困难了吗?"A 说:"还是太挤了。"B 说:"有的太快有的太慢。"教师说:"那我们怎么解决呢?"C 说:"我们分开点距离走。"D 说:"我们还要走在一条直线上。"教师总结:"除了我们嘴里喊着 1、2,还要怎么样呢?"小朋友说:"还要保持距离不能挨着。"教师请幼儿再次游戏,幼儿能够较快地协调向前走。

体能区　游戏观察与分析

最后一次尝试游戏

我看懂

1. 聚焦幼儿的分析

（1）问题解决的表现。

幼儿讨论中能够描述在魔术带行进中的问题，如有的快有的慢、挤在一起等；能自主提出解决问题的方案（喊口号，保持距离），制订计划；能尝试后再次回想刚完成的动作，发现新的问题，并自主解决游戏中的问题。

（2）协调灵活的表现。

幼儿在车轮滚滚魔术带这样一个类似长方形的空间中向前移动，需要手脚配合，脚向前走的同时手向前递布。游戏中，六个人能共同向前走一段路。第二次尝试时，幼儿能根据口号"1、2、1、2"灵活调整自己步伐的快慢和手递布的快慢，按照节拍走路，协调向前行进。

2. 聚焦教师的分析

（1）材料提供。

车轮滚滚魔术带为幼儿提供了一个类似坦克车轮的空间，让幼儿以合作的方式在此空间内向前移动，为幼儿提供了一个移动中操控物品前进的机会。

（2）示范讲解。

活动前，教师邀请配班教师和两名幼儿共同运用动作示范了魔术带的行走方式，并运用提问引导幼儿自己发现动作要点（向前挪着走，手要递布）。

（3）回应策略。

教师通过提问引导幼儿发现游戏中的问题，并对幼儿提出的解决方法进行正面回应，鼓励幼儿尝试自己提出的方法。

我所思

对于大班幼儿来说，单人持器械行走是一个基本动作。新游戏器材的投放为幼儿提供了在一定空间内协同行走的机会，对幼儿来说是一个新奇有趣又充满挑战的游戏，促进了幼儿的空间感、协调性和问题解决能力的发展。

在游戏中教师鼓励幼儿描述自己遇到的问题,鼓励幼儿分析问题发生的原因,通过追问、重复和重述的语言策略引导幼儿自己想出解决问题的方案,并尝试游戏,再次发现问题、分析问题、解决问题。在一轮轮的游戏中,鼓励幼儿积极尝试探究,自主解决问题。

北京市朝阳区泛海幼儿园　叶　红

游戏规则大家定

> 游戏主体:大班幼儿
> 游戏精彩回放与聚焦点:协调灵活、规则认知

我看见

老师介绍游戏规则:两队人数相同,起始飞碟帽总数相同,分里外圈两队踢1分钟后,计算两队剩下的飞碟帽数,数少为赢。

幼儿平均分成两队,老师吹哨开始后,里圈小朋友在里圈跑动,把飞碟帽向外踢向无人防守的空地处。外圈小朋友看到后,在圈外跑动向里踢回。

里圈小朋友走过来,用力把飞碟帽踢出圈外

外圈穿白衣服的小朋友赶快跑了几步,把刚踢出来的飞碟帽踢回里圈

1分钟到了,哨声吹响,踢帽子游戏结束,两队分别点算成绩。里圈队剩下了11个,外圈队剩下了17个。老师宣布:"里面这队胜利了!"

穿蓝衣服的幼儿举手说:"里圈占优势了。"老师说:"里圈占什么优势了?"蓝衣服幼儿说:"因为里圈面积小,他们好踢。"老师说:"是的,里圈的面积小。"蓝衣服幼儿又说:"外圈人少。"老师说:"里外圈的人数是一样的。里圈面积小,所以跑起来近。那你们觉得可以怎么办?"一个女孩说:"我们换个地方,到跑道上玩,左边跑道的往右边踢,右边跑道的往左边踢,这样距离就一样了。"老师问:"你们觉得这样可以吗?"孩子们说:"好。"于是进行了第二次游戏。

穿蓝衣服的幼儿提出自己的观点,老师招呼所有小朋友过来讨论

我看懂

1. 聚焦幼儿的分析

（1）协调灵活。

里圈的幼儿能够观察外圈小朋友的分布,跑过来将飞碟帽踢到没有人防守的空当处。外圈的幼儿在游戏中能够观察对手的行动,根据飞碟帽的落点调整自己跑动的方向,跑过去用力将飞碟帽踢回去。

（2）规则认知。

幼儿在游戏后提出里圈跑动面积小,里圈幼儿只需要跑动较短的距离就可以把飞碟帽踢出圈外,而且通常能踢出较远距离,而外圈幼儿需要跑动较远的距离才能够将圈外的飞碟帽踢回圈内。在里外两队人数、飞碟帽起始数量、时间相同的情况下,对于里圈幼儿来说获胜更容易。幼儿在点算成绩后发现了规则中的问题,对游戏规则的公平性提出了质疑。

2. 聚焦教师的分析

（1）游戏设计。

教师运用简单的飞碟帽材料设计了一个发展幼儿跑动、踢的动作,以及团队合作和竞争能力的游戏。游戏规则的设计存在一定的可调整性,如两队开始游戏时飞碟帽的数量、两队人数分配等。

（2）回应策略。

教师在幼儿提出对规则的看法后,能够鼓励幼儿表达自己的看法,解释幼儿对规则的疑惑,并进一步追问对规则调整的想法,还征求其他幼儿的意见。

我所思

1. 聚焦幼儿观察所得

在简单的踢飞碟帽规则游戏中,幼儿锻炼了在移动中踢的动作。同时,这个活动也有效地促进了孩子的心智发展,幼儿发展了通过观察对方动作及飞碟帽的分布从而调整自己动作的能力。更重要的是,幼儿在游戏中能够对规则的设定提出自己的质疑,并提出修改规则的想法,标志着大班幼儿开始有自己的想法,敢于质疑,并积极思考。

2. 聚焦教师观察所得

对于大班幼儿而言,教师设计的规则游戏符合幼儿的年龄特点。并且,在幼儿发现规则中存在的问题后,能引导幼儿思考、讨论和自主修改游戏规则,体验、理解规则的产生过程。

北京市朝阳区泛海幼儿园　叶　红　余碧洋

好玩的踢帽子

> 游戏主体:大班幼儿
> 游戏精彩回放与聚焦点:问题解决、回应策略

我看见

"踢帽子"是孩子们特别喜欢的一类户外集体游戏,它也是以小组的形式进行活动的游戏,非常适合大班幼儿,游戏中需要幼儿自己进行组队、分组。因为幼儿之前已经玩过此游戏,因此主班教师在游戏前带孩子们简单介绍了游戏规则及玩法后就请孩子们进行了自主游戏。

在游戏开始前,小余老师把小朋友们全部召集围到了一起,对小朋友们说:"今天我们玩一个踢帽子的游戏,请一个小朋友来给大家说一说还记得踢帽子的规则吗?"豆豆小朋友举手说:"踢帽子的时候要分里外圈,两个队长可以进行"石头剪刀布",赢的人就可以先选择是在里圈还是外圈。然后开始游戏,最后游戏结束时哪个圈的帽子剩的多哪个队就输了。"接着,阳阳也举手进行补充:"在里圈的小朋友不能出圈儿,在外圈儿踢的小朋友也不能进圈儿。"小朋友们说完后,老师再次对小朋友们强调了规则:"咱们游戏分里外圈,一队在里圈,一队在外圈,里圈的小朋友们要把帽子向圈外踢,外圈的小朋友们要把帽子向里面踢,最后结束后看哪队的帽子剩的少就胜利了。还有就是在游戏中小朋友们都要用脚踢,用手帮忙扔进去的则算犯规。"

回忆游戏玩法及规则

教师:"今天咱们班小朋友人数来得刚刚好,一共14个小朋友。所以咱们每队7个人,每个小队长选择6个队员就可以了。"教师说完则请小朋友们投票,孩子们选出了萱萱和阳阳来当小队长。萱萱和阳阳进行"石头剪刀布",赢了的小朋友就选择一位自己的队员,以此类推,每次赢的幼儿可选择一位队员,直到每队都有6人,两队队员人数一致了为止。

两队队长以"石头剪刀布"选择里外圈

萱萱和阳阳已经选择好了自己的组员,接着进行最后一次"石头剪刀布",选择自己的队伍是在里圈还是外圈。萱萱队赢得了胜利,队长选择了带自己的队伍在里圈进行游戏,于是阳阳队则在外圈游戏。

老师对两队的小朋友们说:"现在我们已经选好了里外圈,现在我请小队长带领你的队员一起把你们队的小帽子撒到里外圈,如果你选择的是里圈那么你就要撒到里圈儿。每队的小帽子数量都是15个,现在你们可以开始撒小帽子了。"

两队的小朋友们分别往自己的"地盘儿"撒好了小帽子,接着老师说:"现在请小队长分别带你的队员们到自己的位置上准备好!"

幼儿准备开始游戏。教师计时一分钟,两队的小朋友听到哨声后开始游戏。

幼儿游戏——踢帽子

教师:"好,听到哨声游戏结束了,小朋友们不能再踢帽子了,现在我请小队长分别数数你们队各剩下多少帽子。"两队的小队长分别数自己队剩下的盘子。萱萱说:"我们队还剩下11个小帽子。"阳阳说:"我们队剩下了17个。"于是教师宣布里圈的小朋友胜利了,萱萱队的小朋友兴奋地拍手,又跳又笑,这时阳阳队的YOYO举手表示:"老师,里圈占优势了,因为里圈面积小,她们好踢。"教师给予了认同:"里圈的面积比较小,她们跑的距离就短了一些,外圈面积大,需要跑得远、多一些,这确实是一个问题。"紧接着阳阳又说:"外圈的小朋友们太聚集了。"于是老师告诉大家:"你们听到了吗?阳阳说的这个问题也非常关键,外圈的小朋友们全都聚集在一个地方了,很多地方没有人防守,也是导致了咱们失败的一个原因,对不对?"小朋友们也表示了认同。

我看懂

1. 问题解决

在一遍游戏之后,孩子们发现外圈的小朋友输掉了,而里圈的小朋友们胜利是因为外圈面积大,里圈面积小,里圈队伍跑动的距离短,所以会赢得胜利。发现问题后小朋友们也找到了解决的办法,就是外圈的队伍需要队员分散站,不要全部集中在一个地方防守。

2. 回应策略

当游戏结束后,有幼儿提出了场地不同存在优劣势的问题后,教师能够及时回应幼儿的说法。并且针对幼儿的想法教师能够给出一定的建议,还进行追问,鼓励幼儿继续想办法解决遇到的问题。

我所思

在活动中幼儿是自由分组、选人的,他们能够听清教师的规则并遵守游戏规则。在遇到问题时,教师不是第一时间去帮助幼儿解决问题,而是先问一问幼儿发现了什么问题、为什么会出这样的问题、我们如何解决等等。教师会先请幼儿说一说,同组的幼儿可以先进行讨论,然后全班幼儿再一起说说问题。讨论中孩子们也能够纷纷给出建议,都很愿意动脑思考并有改进措施。针对幼儿的回答教师会给予回应,帮助幼儿梳理问题并给出一定的建议,带着幼儿试试方法是否可行,从而来解决活动中遇到的实际问题。教师给予幼儿思考的时间、空间,并能有效回应是值得学习的。

北京市朝阳区泛海幼儿园　佘碧洋

好玩儿的魔术带

游戏主体:大班幼儿
游戏精彩回放与聚焦点:积极主动、不怕困难、探究尝试

我看见

操场中进行了第一次游戏尝试,教师问全体幼儿:"你们是怎么走起来的?有没有遇到

体能区 游戏观察与分析

什么问题和困难?"瑶瑶举起小手说:"太挤了。"教师问:"还有吗?"李思琦说:"前面慢,后面太快。"教师:"嗯,还有吗?"二哥说:"走得不齐。"教师:"那你们有什么好的方法吗?"月月说:"可以喊个口号让小朋友一起走齐。"教师:"你们同意吗?"孩子们都同意喊口号。教师:"那我们喊什么呢?"思思说:"我们喊1、2。"教师:"那我们尝试一次。"游戏继续进行了一次。教师:"我们这次喊了口号后又遇到什么困难了吗?"来来说:"还是太挤了。"思思说:"有的太快,有的太慢。""那我们怎么解决呢?"蓉蓉说:"我们分开点距离走。"欣欣说:"我们还要走在一条直线上。"教师总结:"那我们嘴里喊着1、2,还要怎么样呢?"小朋友说:"还要保持距离不能挨着。"教师请幼儿再次游戏,请小朋友们保持距离:"我看到最边上的小朋友们是最好的,我发现他们既喊着口号又能保持距离,所以他们是最快到达终点的。但是你们有没有发现还有一些困难呢?"璟媛说:"前面走得太快了,后面就忙不过来了。""那第一个、最后一个小朋友要怎么做呢?"文新说:"第一个小朋友和最后一个小朋友要贴着带子走。"教师说:"哦,文新小朋友出了一个主意,第一个和最后一个小朋友贴着带子走,中间的小朋友注意距离,还要喊着口号。我相信你们会做得又快又好,现在记住这些要求,我们再试试。"

第一次尝试游戏

最后一次尝试

我看懂

幼儿对游戏非常感兴趣,大部分幼儿积极投入游戏中,能够积极主动、不怕困难,能够全神贯注地投入到游戏探索中。虽然前两次都不是很成功,但幼儿仍能坚持游戏,探索方法,不断尝试。幼儿在一起合作走的过程中具有一定的平衡能力,动作协调、灵敏,在配合的过程中可以保持距离、相互配合前进。我们不仅关注幼儿在游戏中的体能获得,更关注幼儿积极主动、不怕困难、探究尝试"的学习品质。

1. 探究尝试表现

当老师提出两次是否遇到困难的时候,幼儿能够发现问题,并能在教师的引导下提出建议,在后两次的游戏中尝试游戏。

2. 同伴合作表现

在幼儿游戏的过程中,能听到孩子们在相互提示,如我们要大声喊口号、我们不能离太近了、最后一个小朋友贴着带子走等,孩子们在同伴合作的过程中能够相互提醒、相互配合。

3. 积极主动表现

在教师提问幼儿是否遇到了困难的时候,幼儿能积极主动地表达自己的看法。对老师提出的怎样解决困难,孩子们也是积极主动想办法,在新的尝试中能看出孩子们的积极性。

我所思

游戏中,可以看到幼儿的探究热情、不怕困难、积极主动等品质表现较为明显。可以通过情景或层次的变化,进一步丰富幼儿的游戏(如加入情景给予新的挑战,增加或减少人数等),激发幼儿参与运动的热情,通过提高一些难度使幼儿克服困难,在获得成功体验的同时得到身体能力的提高。

在游戏过程中教师用提问的方式激发幼儿的探究意识,让幼儿发现问题;用鼓励的方式让幼儿解决发现的问题,鼓励幼儿积极主动尝试游戏,不怕困难,使幼儿最终体验到成功的喜悦。通过这次游戏,会使孩子们在其他游戏中知道遇到困难应积极想办法解决。

北京市朝阳区泛海幼儿园　禹中原

猴子逃生记

游戏主体:大班幼儿
游戏精彩回放与聚焦点:幼儿的协调能力、合作意识

我看见

我们班级选择了一个地标图形进行游戏活动。游戏开始,扮演猴子的幼儿全部站在大

体能区 游戏观察与分析

圆圈中间的安全岛上(九个小方格)。扮演鳄鱼的幼儿全部自由分布在安全岛的四周。栋栋看着自己前面没有鳄鱼,快速地向外跑去,这个时候彤彤跑了出来,从旁边想一把抓住栋栋。但栋栋的腰一扭躲过去了,还冲她吐了吐舌头。彤彤急忙叫旁边的满满,满满用双手轻轻一拽,便把栋栋拉到了"河里",并高兴地说:"我抓住你了,抓住你了,你变成鳄鱼了。"于是栋栋变成鳄鱼继续抓安全岛上的小猴子。看见被抓住的栋栋,站在一旁的圆圆有点害怕,一直站在方格的中心不敢跑出去,这时潞潞悄悄地走到了圆圆旁边说:"我来帮你逃出去,我来掩护你,我去让他们来抓我,然后你看没有人就马上跑出去。"圆圆用力地点点头。这时潞潞大声地说:"来呀,来呀,你们快来抓我啊。"边说边朝圆圆的后面走去,不时地还把手伸出安全岛,看到"鳄鱼"想抓他时,又快速地把手收回来,他不停地挪动着。这个时候,有几只"鳄鱼"也随着潞潞挪动的方向来回追赶,而圆圆立马跑着冲出来到了岸上。这个时候满满生气地说:"我们上当了,你和圆圆是一伙的。"这个时候潞潞想跑出去却被张泽恩一把抱住了,潞潞也变成了鳄鱼。这时潞潞对满满说:"你的眼睛不要看别处,要看着一个人,这样就能抓住猴子了。"他俩还伸出双臂,一起挡住了一侧的去路。

小猴子躲避鳄鱼的堵截

小猴子商量怎样冲出安全岛

我看懂

1. 幼儿的自主游戏

这个游戏是幼儿小班时候学过的儿歌演变过来的,整个游戏共两个角色。在游戏中,幼儿自由讨论游戏的玩法。他们讨论完之后分为两组,一组为鳄鱼,一组为猴子。他们通过"石头剪刀布"的方法决定游戏的角色,赢的为猴子,输的为鳄鱼,两个团队就建立起来了。

2. 幼儿在躲闪中协调能力的发展

幼儿在运动的过程中能够很轻松地躲避鳄鱼的追赶,能够很好地控制身体。例如,彤彤想一把抓住栋栋,但栋栋的腰一扭躲过去了。再如,潞潞边说边朝圆圆的后面走去,不时地还把手伸出安全岛,看到"鳄鱼"想抓他时,又快速地把手收回来。

3. 在本次活动中幼儿的合作意识

本次游戏属于团队合作的游戏,既要保证自己安全逃出,又要让其他同伴安全逃出。孩子们在游戏的过程中能够想到他人,能够让他人先走,如潞潞帮圆圆逃出去。

我所思

在地标游戏中教师让幼儿自由讨论、自由结伴,按自己的喜爱和意愿、通过自己的创造和想象进行活动,使幼儿在游戏中得到相应的锻炼。而且,教师也关注到班里胆子比较小的幼儿,并鼓励他们增强进行游戏的勇气,培养其不怕困难的品质。在动作方面,《纲要》中指出:"大班幼儿要协调地完成基本动作,能够自如地绕过障碍,变换方向走和跑。"在游戏过程中,对于扮演猴子和鳄鱼的幼儿,互相都是移动的障碍,幼儿比较灵敏地完成了躲闪。在合作精神方面,教师可以为幼儿提供一些相关的游戏,如两人三足、顶气球;或者带幼儿观看一些有关合作主题的体育项目,让他们看到比赛胜利后队员庆祝的场景,让他们知道这就是相互合作的成果,感受合作的重要性,促进他们合作能力的发展。

北京市公安局幼儿园　武曼婷

巨人钻山洞

> 游戏主体:大班幼儿
> 游戏精彩回放与聚焦点:教师的循循善诱

我看见

以上肢和腰腹部为主的热身活动结束后,霍老师神秘地对全体小朋友说:"今天我们班有一位巨人要和你们一起做游戏,它的身体特别特别宽。"霍老师边小声说边打开双臂比划宽的样子:"请小朋友来猜一猜,要搭一个什么样的山洞才能让巨人通过呢?"听到霍老师的提问大家争着说:"宽宽的山洞。"牛牛学着霍老师的动作打开双臂说:"大大的。"

听着孩子们的答案后霍老师鼓励道:"那你们快去试一试,怎样才能用身体搭出一个宽宽的山洞呢?"

话音未落,孩子们便迫不及待地尝试起来。霍老师停在了一位脚放在小木墩上、面朝上且手臂支撑地面的小女孩身边,称赞道:"哇,这个山洞好宽啊!"

听到霍老师的话,有一个小朋友开始尝试模仿,其他的则继续探索自己的方法。一分钟后,霍老师请刚刚那位搭出宽山洞的小女生在前示范,邀请小朋友围在她身边观察。

霍老师询问:"她是怎么搭出宽宽的山洞的?她的腿、胳膊、屁股都是怎么样的呢?"

搭山洞示范

朵朵说:"她脚尖放在椅子上。"

小高补充着:"不对,是整个脚背。"

"你们观察得真仔细,那她的身体是像小山一样尖尖的还是平的?"霍老师用手比划着。

楠忻边比划边说:"有一点点尖。"

"那什么样的山洞更宽呢?谁还有好方法?"霍老师问。

"我有一个不一样的方法。"楠忻边说边学着梓涵的样子,把脚放在小木墩上,手撑地面朝上,用身体和小木墩搭了一个山洞。

"孩子们你们来看看,相比刚才的山洞,楠忻搭这个是更宽了还是更高了?"

孩子们尝试通过后异口同声地说:"更宽了。"

楠忻的洞

"楠忻把手向后,把身体和腿伸直,身体和地面形成一条平行线,这样更平、更宽了!刚刚我们请两个小朋友示范了让山洞更宽的好方法,你学到了吗? 这一次你们再去试一试,可以试试他们的方法,也可以试试自己还有什么方法让山洞更宽。"

孩子们听到后再次去尝试,这一次有三分之一的孩子借鉴了搭宽山洞的方法。

孩子们再次尝试

我看懂

1. 递进式的活动环节体现教师的循循善诱

霍老师在本节集体活动中,首先进行了上肢和腰腹部为主的热身活动,然后设计了"身体很宽的巨人钻山洞"的游戏情节。通过游戏使孩子们用身体尽量搭一个宽宽的山洞,最后利用同伴分享环节帮助孩子们获得手脚支撑的新经验。

2. 教师通过观察分析幼儿的动作需求,进行及时有效的介入,促进了活动的递进性和层次性

在过程中老师首先用打开双臂比划宽巨人的动作,用语言启发孩子们发现宽巨人与宽山洞的关系,并第一次鼓励孩子们自主尝试探索如何搭宽宽的山洞。在过程中孩子们有不同的搭洞方法,但仅少数幼儿用到了手臂和腰腹部力量。霍老师观察孩子游戏状态后并没有干预直接,而是来到一位动作较标准的小朋友身边用夸张的语言"哇,这个山洞好宽啊",吸引其他小朋友发现动作要领。在孩子们充分探索材料后,霍老师第一次请游戏中那位动作较标准的小朋友做集体示范,用启发性指导语"她是怎么搭出宽宽山洞的? 她的腿、胳膊、屁股都是怎么样的呢?"让孩子观察,使孩子们能够根据问题发现动作要领。霍老师又一次邀请幼儿做动作示范,并继续补充提问:"她的身体是像小山一样尖尖的还是平的? 什么样的山洞更宽呢?"启发孩子们规范动作,自主发现将身体拉长才能搭出宽的山洞,才能感受上肢和腰腹部的力量。霍老师通过这样递进式的介入方法和邀请同伴示范动作的方法,使孩子们在观察中了解动作,主动发现动作的规范性,为孩子们接下来的探索打下基础。

我所思

霍老师循循善诱地通过目标、环节、观察给予的支持,使得活动中80%的孩子体会到四

肢支撑力及腰腹控制力,说出搭洞时手臂酸、肚子用力等感受。但同样也出现20%的幼儿无腰腹部力量的感受,兴趣在搭洞上而忽略动作要领,根据这样的现状我有以下三点思考。

（1）多参考学习专业知识,了解幼儿腰腹部的生理特点,借鉴相关经验,针对自己班级现状进行游戏的思考和实践。

（2）丰富活动的材料,增加有导向性的游戏材料。例如:可添加瑜伽球或爬行垫等材料,利用不同材料的特性支持幼儿增强腰腹部练习的机会。

（3）创新游戏形式和玩法,激发幼儿锻炼的积极性。大班幼儿喜欢有挑战的游戏内容,可和幼儿一起丰富游戏的玩法,利用同伴的相互作用,提高游戏中幼儿动作的标准性。可利用竞赛的形式,使孩子们有互相比较动作标准程度的竞争意识。

北京市西城区马连道幼儿园　史亚娟

营 救 爷 爷

游戏主体:大班幼儿
游戏精彩回放与聚焦点:游戏持久度和专注度

我看见

这是一个拯救葫芦娃爷爷的游戏情景,老师提出游戏要求:滚过垫子、跳过跨栏、钻过拱形门,从10 cm厚的垫子上向前跳在小软扣碗上,踩碎陷阱后用最快的速度跑回来。教师示范动作后,20名在场的幼儿齐声发出"哇——好厉害"的呼声。

教师示范动作

幼儿开始跃跃欲试,第一小队说:"要快,要快!"第二小队同伴相互说:"一定把陷阱踩碎!"第三小队中已经有学着老师向下跳的姿势尝试起来。第四小队有的相互加油鼓劲。

第三小队的小朋友在尝试

当听到老师倒计时,孩子们迅速做好预备动作。听到开始后,四个小队排头的幼儿几乎同时出发,速度也不相上下。在最后一个向前跳的动作中,最左侧小男孩的姿势与老师动作一致,成功跳在小软碗上。然后,大家都用相差不多的速度开始接力。

第二组左侧第二名小朋友在准备时就原地练习最后一个动作,在竞赛中动作标准且最快最准地踩在小软碗上并成功返回。而左侧第一位小朋友从起点开始,每一个动作都非常标准。大家都顺利返回,也顺利完成了任务。

齐头并进

左侧第一小朋友

最右侧出现一名违反游戏规则的小朋友

随着游戏的深入,参加完游戏回到队尾的小朋友立刻给同伴加油。有的蹦着指挥怎么更快,有的高声为同伴喊着,有的比正在参加比赛的同伴还着急,目不转睛地看着自己队的情况……就这样各队间的加油声越来越大!回来的小朋友目不转睛地关注自己的队伍,而正在比赛的队员也开始逐渐拉开距离。游戏中还出现一位为了赢而忽略游戏规则的小朋友,在老师提示下,马上改正。

游戏进行一半,差距开始拉开,但丝毫没有影响孩子们的热情。每个队伍都时刻关注着自己队伍的成绩。当最后一个小朋友归队时,我们听到了全队小朋友的欢呼声!

耶!我们赢了!

我看懂

1. 教师捕捉幼儿喜欢的游戏角色,创设有挑战的游戏情景,激发了幼儿主动参与游戏的兴趣和专注度

活动中,教师选择的是一个"拯救葫芦娃爷爷"的情景式游戏,激发了幼儿游戏的兴趣。在教师介绍游戏规则时,有95%的孩子能集中注意力倾听,并在游戏中遵守游戏规则,只有一位小朋友在游戏中因为想更快而违反了游戏规则。

2. 教师运用小组竞赛的游戏方式,激发了游戏中幼儿的积极性和专注度

在整个游戏过程中,孩子们保持着很高的专注力,参赛的小朋友都全力以赴奔跑。在游戏的第2分34秒时,虽只有一次竞赛的机会,但4队的小朋友均全力以赴,并为队友呐喊助威,整个游戏中无人走神。

我所思

此游戏将钻、爬、跨、跳都整合在内,可有效在一个游戏中提高幼儿的综合能力及体能素质。

这种竞赛式的游戏形式,很适合大班后期的幼儿。在游戏中孩子们不光为自己的荣誉而战,更突出了集体荣誉感的提升,参赛幼儿的动作状态表现出全力以赴,结束自己的环节后能立刻转换角色为队友加油鼓劲。

北京市西城区马连道幼儿园　史亚娟

课题园园长寄语

1. 北京市朝阳区福怡苑幼儿园　曹慧弟园长

纸上得来终觉浅,绝知此事要躬行——用心观察、静心思考、倾心实践,教师专业发展最有效的途径!

2. 北京市朝阳泛海幼儿园　李莹园长

观察乃教育之基础。希望每位教师都拥有慧眼慧脑,悉心去观察,认真去分析,只有读懂孩子,走进孩子们的世界,才可能教育好孩子。

3. 北京市朝阳区安华里第二幼儿园　颜磊园长

观察是教师为儿童提供适宜性教育的前提,也是教师专业发展的重要途径。教师只有充分观察儿童,才能了解儿童的发展水平、行为特点、兴趣倾向和学习风格,并在活动过程中根据儿童的表现及时做出调整,从而保证活动的适宜性和有效性。"基于《指南》儿童区域活动中教师观察方法与指导策略的研究"给了老师们一把钥匙,帮助老师们解锁儿童发展的奥秘。

4. 中国人民解放军海军机关幼儿园　田逶巍园长

"基于《指南》儿童区域活动中教师观察方法与指导策略的研究"让我们的老师真正从看,到看见,再到看懂孩子,解读孩子游戏中行为背后的各种信息,并给予适宜的支持。这是多么有意义的事情!只有"走近"孩子才能"走进"孩子!然后我们用爱与智慧的眼睛读懂每一个孩子的表达。这一路走来,老师们收获满满,真正感受到专业带来的内在力量。

5. 兵器工业机关服务中心幼儿园　杨英园长

兴趣是最好的老师。希望每位教师真正激发幼儿的学习动力,唤起幼儿的求知欲望,支架幼儿主动学习的教育实践,让他们兴趣盎然地参加到活动中来,成为学习的主人,成长的主人。

6. 中国人民大学幼儿园　曹春香园长

作为"基于《指南》儿童区域活动中教师观察方法与指导策略的研究"项目实践园,深感荣幸与自豪,更对"聚光镜"三字有了新的认识:我们"聚"的是高校学者、一线管理者与教师,探索学、研一体的实用型研究路径;用基于数据的定性分析方法,点亮科学研究之"光";借的是项目这面"镜",实现提升教师观察与反思能力的队伍发展目标。愿"聚光镜"走进更多的园所,成就更多的教师,启迪更多的孩子。

7. 北京市海淀区美和园幼儿园　白春芝园长

教师对幼儿行为的观察是教师有效组织区域游戏活动,促进幼儿发展不可或缺的策略。幼儿教师学会观察孩子,也就学会了如何从区域游戏活动中挖掘潜在的教育价值。不同的区域游戏活动中,教师对幼儿行为的观察策略虽有相同之处也存在很大的差异。因此,提升教师对幼儿行为的观察能力尤为重要。

8. 北京市公安局幼儿园　李雪园长

观察是走入儿童心理的一块敲门砖,分析是发现儿童游戏秘密的一把钥匙。让我们用观察技术引领自己去探索儿童的世界,做一名真正的支持者、引导者。

9. 北京市西城区马连道幼儿园　尹陆明园长

"基于《指南》儿童区域活动中教师观察方法与指导策略的研究"使教师从泛泛的看转变为以幼儿的学习为线索进行有目的的观察。从观察中读懂幼儿行为背后的意图与需求,分析、思考如何回应适宜,怎样支持有效。通过"看、读、思"不仅使孩子们投入在"真游戏"中获得"真发展",同时使老师们增强观察意识、提升专业能力,促进师幼共同发展。这样问题"真实"、过程"扎实"、成果"务实"的研究,使每一位参与的老师走上从事研究的幸福之路,感受职业带来的幸福感。

图书在版编目(CIP)数据

观察点亮游戏/北京荣和教育儿童研究发展中心主编. —上海：复旦大学出版社，2020.5
(2024.3重印)
ISBN 978-7-309-14948-7

Ⅰ.①观… Ⅱ.①北… Ⅲ.①游戏课-教学研究-学前教育 Ⅳ.①G613.7

中国版本图书馆 CIP 数据核字(2020)第 043909 号

GUĀNCHÁ DIǍNLIÀNG YÓUXÌ
观察点亮游戏
北京荣和教育儿童研究发展中心　主编
责任编辑/赵连光

复旦大学出版社有限公司出版发行
上海市国权路 579 号　邮编：200433
网址：fupnet@ FudanPress.com　http://www.fudanpress.com
门市零售：86-21-65102580　团体订购：86-21-65104505
出版部电话：86-21-65642845
上海丽佳制版印刷有限公司

开本 787 毫米×1092 毫米　1/16　印张 13.5　字数 320 千字
2024 年 3 月第 1 版第 3 次印刷
印数 7 201—9 300

ISBN 978-7-309-14948-7/G·2092
定价：55.00 元

如有印装质量问题，请向复旦大学出版社有限公司出版部调换。
版权所有　侵权必究